全国文明城市创建实地点位治理

▪▪▪ 案例汇编 ▪▪▪

中央文明办二局　编

人民出版社

出版说明

党的十八大以来，各地坚持以习近平新时代中国特色社会主义思想为指导，深入学习贯彻习近平总书记关于城市工作和文明城市创建工作的重要指示精神，突出思想道德内涵，注重为民靠民惠民，加强城市精细管理，保持工作常态长效，坚决反对形式主义，有力推动文明城市创建深化拓展，对于促进城市物质文明和精神文明协调发展、提高城市治理能力和治理水平，增强市民群众获得感幸福感安全感发挥了重要作用。在文明城市创建实际工作中，各地在公共环境保洁、公共秩序维护、公共服务提升、公共设施建设、公共文明引导、公益广告宣传等方面积累了许多宝贵经验，对各地整治城市管理顽症难题、补齐城市治理短板，具有积极借鉴意义。现选取部分城市在实地点位治理中的典型案例汇编成册，供各地学习参考，推动新时代文明城市创建工作提升新水平、迈上新阶段，为开启全面建设社会主义现代化国家新征程凝聚强大精神力量、提供良好社会环境。

目　录
CONTENTS

一　主要街道篇

二 背街小巷篇

三 老旧小区篇

四　农贸市场篇

五　城中村篇

六　城郊接合部篇

七　交通路口篇

八　公共广场篇

九 景区景点篇

十 市辖区乡镇篇

一　主要街道篇

党建引领文明创建 群策群力攻坚克难

——爱民里街区治理提升

北京市西城区文明办

文明城区创建是培育和践行社会主义核心价值观的重要途径，是全面建成小康社会的重要举措，是构建和谐社会的重要载体和推动力。近年来，什刹海街道各项工作任务都坚持党建引领，在街道工委的有力领导下圆满完成。

一、爱民里片区基本情况

爱民里片区（含爱民小区、爱民街、爱民一巷、爱民四巷）地处政治核心区，北至地安门西大街，西临西什库大街，东临北海景区。现有户籍人口 3200 余户，6000 余人。其中，爱民里小区总面积39000 平方米，常住人口 2497 户，是街道面积最大、人口密集、问题集中的老旧小区。

二、爱民里治理提升进展及做法

自启动综合整治以来，在四个月时间里，拆除了爱民里小区一层全部违建 113 户、128 处、1310 平方米，回填向外扩建 32 户、填土 371 立方米，拆除了占压绿地的违建 1800 平方米，按时间节点圆满完成整治任务，其规模之大、速度之快、效果之好、影响之广前所未有。目前，已建成爱民四巷小微绿地 120 平方米，在街区内大力倡导垃圾分类等文明行为，居民停车自治稳步推进，地区文明程度不断提升。

（一）一盘棋布局，党建引领街区更新。突出顶层设计，组织多方会诊。一是规划先行。建立责任规划师制度，聘请清华大学专家团队，编制《街区整理规划》，明确整体定位。二是街区诊断。2018 年初，会同什刹海阜景指挥部，委托专业公司对片区全面"体检"，整体梳理文化、交通、功能三个方面，制定街区公共空间提升设计导则。三是民意立项。以社区党委为轴线，组织 10 余场居民议事，发放幸福指数调查问卷 1200 份，征求民意 2000 余条。四是数据发声。运用大数据和热力图，分析近两年 500 余条市民热线诉求。

突出标本兼治，明确治理路径。根据梳理出的 14 个主要问题，从实现街区整体更新出发，确定了"围绕一核两役（突出"大党建"这一统领，瞄准打赢思想攻坚战、违建歼灭战两场硬仗）、激发三方能动（街道、居民业主、市场资源与社会力量）、狠抓四个整治（违法建设、开墙打洞、私搭乱建、交通秩序）、实现五个提升（党建水平、街区功能、环境品质、自治体系、物业服务）"的思路，逐级立下"军令状"，层层压实责任，把党的领导贯穿全程。

突出多元共建，凝聚治理合力。在街道工委的统领下，统筹机关党建、社区党建、单位党建、部门党建力量，成立联合前线支部，建立起以党员为核心的带头人队伍，提升吹哨报到、综合执法实效。成立双主官挂帅的拆违专项行动指挥部，统筹协调、系统推进，确定了

▲ 爱民里小区整治前

◀ 爱民里小区整治后

▲ 爱民里小区整治前

◀ 爱民里小区整治后

▲ 爱民里小区整治前

▲ 爱民里小区整治后

"四个统筹、分步实施、由面及里、边破边立"的思路，重点抓好点位与点位、小区与街区、片区整治与街区整理、拆违整治与绿化、停车物业全面提升等工作，先解决违法建设这一制约瓶颈，打通消防通道、消除安全隐患、亮出建筑立面，逐步推动停车、物业两个诉求集中问题的解决，巩固治理长效。

（二）一张网覆盖，社区党建引领共治自治。一是头雁式引领。整治办公室成立以后，建立了临时党支部，把党组织阵地功能发挥在第一线，把支部建在施工现场，做到小区整治到哪里，党组织的战斗堡垒作用和党员的先锋模范作用就发挥到哪里。临时党支部由街道分管领导、社区党委书记、施工单位负责人等成员组成。党员骨干深入基层前线，带头亮身份作表率，向居民宣传小区整治拆违政策，配合整治拆违，化解矛盾，传播正能量。

二是多渠道听诊。在社区党委统领下，搭建居民议事厅，树立"自家事、群策力、自家议、自家定"风尚，号召居民参与到自己家园的建设中来。春节过后，先后召开居民、党员座谈会、单位党委共商会 10 余场，开展了关于小区整治、绿化、停车、物业引进等问题的问卷调查，发放调查问卷 900 余份，征求意见 2000 余条。在设计方案出台后，社区邀请规划设计专业人员向居民讲解规划图并征求改进意见，再将规划图在小区里公示。

三是零距离发动。发挥党员骨干的模范带头作用，强化行动引领。社区党委组织楼门院长、在职党员组成志愿者队伍，深入居民家中送资料、说政策、讲党课，着力提升党员带头拆违、配合拆违的意识；积极动员离休老同志、老党员主动参与，自我约束、管好家人、影响近邻，进而带动一片。王雅琴、沈杰等社区老党员主动帮助劝说住户，并自发在群众中宣传小区环境整治的重要性和必要性，形成良好的舆论氛围。

四是立体化宣传。发挥舆论导向作用，强化思想引领。工作开始前，社区党委有计划地利用党委会、党委扩大会、支部书记会、党员大会、居民代表会和楼门院长会，宣传即将进行全面彻底的环境整治提升，要求全体党员干部在小区治理中发挥先锋模范作用，树立正确的舆论导向。特别是涉及到的党员，提高认识，做好社区整治提升的带头人。有的住在一层的党员在会上当场表示"如果拆违开始，我第一个带头拆！"在整治期间，始终坚持线上线下相结合，充分利用横幅、海报、宣传栏、微信公众号、"致群众的一封信"等各种载体，建立信息发布、交流、收集、反馈平台，让整治工作举目可望，依托双报到、入户走访和社区议事加强情况通报，让群众明政策、知进度，跟踪、化解线上线下舆情，牢牢掌握舆论主动权。

（三）一股绳发力，向前一步攻坚克难。整治组采取"建手册制、叠图作业、挂图作战"，通过逐门逐户深入细致的思想工作，确保违法建设依法拆除到位、群众心结耐心纾解到位、民生困难全力帮扶到位，展现责任担当，赢得广大居民赞扬。

清单式管理。打造"一书一册一本"工作体系，以绣花功夫穿针引线，将复杂工作落小落细，加快各项任务统筹推进。"一书"是指目标任务书，也是"军令状"，督促各部门、各组知责明责，明确限时完成；"一册"是指清单纪实手册，这是"作业本"，包括工作日志、调查表、登记台账、进度表等，用来指导各部门、各组按任务书抓落实，做到履责有痕、整治有据；"一本"是《整治一本通》，包括入户、拆违、恢复各环节步骤规范，这是"说明书"，用来解决标准化、规范化、程序化问题，确保依法依规。

网格化落实。按照"一楼一门一网格、一格多人"，划分8个工作小组，制定分层级、分阶段培训计划，做到统一行动、统一标准、统一口径，努力达到"三活、四清、五到家"。"三活"，人人争做"活户籍、活台账、活地图"；"四清"，掌握"家庭情况清、违建情况清、邻里关系清、风险隐患清"；"五到家"，即工作作风做到"经常走访要到家、各类意见听到家、建立感情心到家、细致工作做到家、好事实事办到家"。

组团式作战。一是坚持"三个统筹"（统筹区域资源，统筹科站队所力量，统筹各科室社区人员），组团作战（将各执法力量下沉到整治一线常态值守，确保随时拉得出，用上得，打得赢）；二是坚持权力下沉，确保一线（每个治理小组都配置城管队员和社区专干，强化小组负责人"吹哨"权威，让冲在最前沿的干部有解决问题的手段）；三是坚持集体会诊，群策群力（根据任务和时间需要，分层分类制定配套小方案，打整体战、协同战，实现效能最大化）。

昔日"脏街"变"靓街"

——以三里屯西街为例

北京市朝阳区文明办

北京市朝阳区三里屯街道位于地区中西部，辖区面积 2.9 平方公里，大型商务楼宇 19 座，驻区企业 5000 余家，驻华使馆和国际组织 95 家，常住人口约 5.8 万人，呈现出国际化程度高、社会影响大，人流密度高、安全风险大，时尚品位高、需求差异大的"三高三大"区域特点。在三里屯街道北三里社区有一条被附近老百姓习惯称作"脏街"的背街小巷，环境脏乱差、利益关系复杂、群众意见多、整治难度大。2016 年以来，三里屯街道高举文明创建旗帜，以背街小巷环境整治提升为契机，对"脏街"进行了彻底整治，大体量拆违、大面积增绿、大力度疏解。现在，三里屯西街干净整洁、视野开阔，产业业态规范合理，小微绿化与花箱座椅的结合呈现出一片生机盎然的人文景观，昔日"脏街"变"靓街"。

一、科学统筹，精心谋划，整体推动工作

为全面推进"脏街"治理，实现文明创建任务目标，三里屯街道结合文明街巷创建工作，总体把握、精心谋划、统筹实施，扎实推进

▲ 三里屯西街整治前

◀ 三里屯西街整治后

◀ 三里屯西街整治后

▶ 三里屯西街整治后

▶ 三里屯西街整治后

整治工作。一是加强协调联动，凝聚工作合力。成立工作领导小组，将治理"脏街"、提升环境品质作为地区精神文明建设的重要组成部分，相互嵌入、相互促进，贯穿到各工作领域，做到同谋划、同部署、同推动，确立了先易后难、由点入手、串点成线、连线成面、组面成体的环境整治提升规划图，并落实人员、物资、经费等各项保障。通过层层动员部署，在党建引领上聚力，在群众动员上集力，在干部队伍中汇力，形成了多方联手的工作联动机制。二是加强宣传引导，做好前期准备。组织社区干部、党员志愿者成立工作小组，对所有"脏街"商户全面开展调查摸底，形成详细的统计汇总台账表，作为开展整治的基本依据，做到底数清、情况明、台账细。对涉及整治的商户、房主挨家挨户进行多次宣传，征询意见和建议，发放"致居民一封信"，悬挂标语横幅，通过会议发动、媒体宣传、现场解说等形式营造声势，加强舆论引导，把整治工作做到家喻户晓，人人皆知。

二、共商共治，依法治理，确保整治效果

在"脏街"整治过程中，三里屯街道坚持共商共治，依法治理，注重听取周边社区群众意见建议，严格按照法律法规开展集中整治，争取商户和群众的理解和支持，确保取得良好整治效果。一是坚持共商共治。依托街道党政群共商共治机制，在街道—社区—片区（网格）层面分别建立街道问政大会、居民议事厅、楼院议事会三级议事平台，健全问需、问计、问效三步办事流程，把疏解整治、环境提升与改善民生有机结合起来，以需求、问题、满意度为导向，认真听取

和梳理群众意见建议，顺应百姓期待提升环境品质的心声。建立基层组织全带动机制，在街道社区分别成立党建和社会治理协调委员会及分会，围绕"脏街"治理，定期沟通会商，10余家驻区单位结合各自优势，主动认领服务项目，积极参与治理工作。建立社会力量全报到机制，落实单位党组织和在职党员回社区"双报到"工作，属地机关企事业单位积极对接"脏街"治理工作，在协调解决违建拆除、治安稳定、环境美化等工作中给予支持。二是坚持依法治理。对"脏街"的商户、房主入户送达《关于依法整治住宅楼"开墙打洞"告知书》，并签字确认，在"脏街"居民楼集中区域竖立整治"开墙打洞"告示牌，要求商户、房主在三个月内自行拆除、恢复房屋原状。对下达告知书后逾期未自行整改的商户，街道组织开展联合执法行动，拆除外接扩建的违法建筑并恢复房屋主体结构及原貌，并对查扣物品进行登记，依法查处破坏、占用公共绿地进行经营的行为。建立监督管理长效机制，在恢复楼体原貌后及时进行绿化美化、补种绿植，组建街巷长、小巷管家和志愿者队伍进行日常巡查，防止违法行为死灰复燃。

三、精细管理，匠心打造，提升环境品质

三里屯街道以《北京市文明街巷考评细则》为依据，在管理创新、破解难题、服务供给、品质提升上下功夫，围绕构建超大城市治理体系，着力补齐文明"短板"，优化人居环境，打造背街小巷精细化治理的典范。一是充分运用科技手段参与社会治理。构建"天上有网"，运用物联网、大数据和移动互联技术，构建城市运行管理调度、智能交通管理一体化运行平台，通过手机终端系统，实现对"脏街"周边

治安、交通、安全生产和城市环境的精细、实时、全方位管理。推动"地上有格",在社区和楼宇院落层面推行"网格化"管理,将街道细化分解为 103 个微网格,每个网格一名监督员,动员群众主动参与辖区环境整治工作,实现对"脏街"周边各类违法建筑、环境卫生、治安维稳等工作的全程监督。二是落实"街巷长"制度,巩固治理成效。整合街道办事处和社区居干力量,51 条街巷配备 102 名街巷长,建立街巷长每天巡查制度,遇到突发事件,通过手机移动终端及时上传平台,由街道统筹协调相关部门进行处理反馈。实现"吹哨有响",在街道层面建立实体化综合执法中心,推动公安、城管、工商、交通、食药等部门执法力量在基层下沉。"脏街"治理以来,共治理"拆墙打洞"229 户、背街小巷 8 条、拆除违法建设 8500 平方米,实现了"脏街"变"靓街"的华丽转身。

推行"路长制"建设文明城

——溧阳市主要街道文明创建工作情况

江苏省溧阳市文明办

　　文明城市"路长制",就是指设置道路的文明创建负责人,核心要义是责任有人担、问题有人管。在创建全国文明城市期间,江苏省溧阳市创新实施"路长制",全市机关事业单位与城区主次干道包干定责,近万名干部职工进居入户、进店入铺,宣传创建知识,发现并整改城市管理的各类问题,受到广大市民的高度评价,掀起了全民支持、全民参与的新热潮,为一举创成全国文明城市奠定了扎实的基础。主要做法有以下几个方面。

一、领导重视是推行"路长制"的前提条件

　　创建全国文明城市是"一把手"工程,推进"路长制"亦是如此。一是统一思想认识。召开"路长制"工作全市动员大会,市主要领导明确指出,实施"路长制"是提振干部精气神、提升群众参与度、提高创建水平的重要举措,各"路长"单位务必高度重视、精心组织,全身心投入文明城市创建各项工作。二是明确职责分工。全面梳理城区 76 条主次干道,按照"一路一长"与全市机关事业单位挂钩包干,

▲ 整治前的街道状况

▲ 整治前的街道状况

▲ 整治后的街道状况

▲ "路长制"：调研民意

▲ "路长制"：捡拾垃圾

▲ "路长制"：搬移非机动车辆

▲ "路长制"：搬移非机动车辆

下发《关于在城区推行路长制的实施意见》《路长制责任分工表》《路长制工作手册》等文件，按照"管理事项清、管理标准清、区域情况清、社情民意清"四项原则，确保文明创建工作内容定位、人员定位、程序定位和责任定位。三是强化组织领导。明确各单位一把手为"路长"，市长牵头建立"当好路长创文明"微信工作群，市创建办直接在群内通报日常督查、巡查中发现的各类问题以及整改反馈情况，省去编文、发文的烦琐环节，"路长"们还在工作群中相互检查反映问题、相互协商处理问题、相互交流介绍经验，形成了文明创建齐抓共管的良好氛围。

二、查漏补缺是推行"路长制"的关键环节

文明城市创建是一项系统工程，工作量大、覆盖面广，"路长制"工作是对全域范围进行反复巡查、查漏补缺，极大地提升了创建水平。一是严格对标。测评体系和操作手册是"路长"工作的唯一标准，我们要求各路长单位对每一条道路上有哪些点位、有哪些标准，都要了如指掌，对哪些点位已经达标、哪些点位需要整改、哪些问题容易反复，都要做到心中有数、方向明确。我们要求每一位上路人员，手上都要常备"三张清单"：标准清单、问题清单和责任清单，严格按照标准，履行各项职责。二是严守流程。为确保责任路段问题发现及时、协调顺畅、处置高效，我们建立了"巡查发现、协调、处置、督查、结单"的闭环流程运行机制，路长单位必须严格按照流程，对所有收集到的问题全程跟踪、反馈并做好整改记录。三是严抓整改。针对问题的解决和整改，我们总结了"五字"工作法："劝"，即劝阻不

文明行为;"捡",即捡拾烟头、塑料袋等零碎垃圾;"搬",即搬移非机动车辆;"报",即对于无法处置的问题,及时报送相关职能部门;"进",即进入沿街店铺和居民小区,做好文明创建知识宣传。

三、群众参与是推行"路长制"的重要支撑

文明城市创建必须为民、惠民和靠民,我们"路长制"工作就是发动群众支持和参与的重要载体。一是示范引领作表率。广大"路长"们真正改变了"运动式""一阵风"的工作模式,真心实意沉下心来,冒烈日、顶酷暑,一天三次在路段巡查,道路一天比一天干净、城市一天比一天有序,市民群众看在眼里、记在心里,从一开始的不信任、不理解,逐渐转变为支持和参与,为我们频频点赞。二是真心为民办实事。我们"路长"不但处置文明创建中存在的各位问题,还与群众打成一片,所有的路长单位都与群众建立了微信群,开展"积分送礼""周末大扫除"等活动,真情实意地帮助沿街商户和群众解决身边的大事小情,"有问题找路长"成为一种常态,我们出版的《路长日记》一书,真实地记录了"路长"与群众融洽相处的 100 个故事,这是我们文明创建工作的重要基础和支撑。三是干群共建文明城。群众对创建工作满意了支持了,自然也乐意参与其中。我们开发的"我爱我家"城市管理 APP,市民可以通过现场拍照上传城市建设和管理的各类问题,每一条有效举报都会获得一元话费积分。据统计,在创建时期,该软件每天上传的问题达到 700 余条,结案率达到 96% 以上,全市上下呈现出干部群众"心往一处想、劲往一处使、拧成一股绳"的感人画面。

四、建章立制是推行"路长制"的基础保障

好的做法必须要固化为好的机制才能保证常态长效。一是完善工作机制。在"后创建时代",溧阳市主要领导明确要求"路长制"工作不能散、不能松,在《溧阳市深化文明城市建设三年行动计划》中,将"路长制"工作列入其中,作为一项基础性工作不断夯实。市创建指挥部出台《路长制考核细则》,明确各路长单位每周巡查不少于3次,每月至少上报1次路长日志,路长工作进入常态化运转。二是加强督查考核。将"路长制"工作纳入深化文明建设的年度绩效考核,全年对路长单位工作情况进行排名通报,评选优秀路长单位和优秀路长商户。市文明办每月组织不少于3次督查,并将督查及整改情况发在"一把手"工作群内进行通报,极大地增强了工作推动力。三是强化群众评价。将群众评价作为路长工作的重要标准,设计"路长制"工作群众问卷调查,对"路长"的路面巡查、入户走访、履行职责等情况让群众打分评价,同时向群众公布投诉举报电话,形成有效监督。

共建共治共享 打造人民满意街区

安徽省广德市文明办

桐汭西路是横贯安徽省广德市城区东西走向的一条主要道路，全长约 3.2 公里，路宽 50 米，沥青路面，为双向四车道、机非分离、绿化隔离道路。长期以来，由于交通设施、停车场地等不足，主干道交通秩序较差，非机动车逆行、行人闯红灯等违法行为较多，出店经营、占道经营现象突出，整体环境脏乱，群众意见很大。近年来，广德市以建设人民满意道路为目标，探索了城市街道共建共治共享模式，把桐汭西路等路段打造得整洁优美、秩序井然、交通顺畅，市民的获得感、幸福感不断得到提升。

一、机制推动，管理高位高效

一是建立路段长制。2018 年 10 月城区启动由市领导任路段长创建制度，市委常委、宣传部长任桐汭西路路长，牵头负责桐汭西路整体文明创建工作；将桐汭西路分为 3 段，明确市公安局等 3 个市直单位为段长单位，主要负责人为段长，具体承担本段城市管理相关工作。二是建立日巡机制。实施每日巡查制度，将"门前三包"、市政设施、交通秩序、文明行为等纳入巡查范围，日常巡查时段为上午、

▲ 桐汭西路茗桂花园巷改造前

◄ 桐汭西路茗桂花园巷改造后

▲ 桐汭西路与万桂山中路交叉口改造前

◄ 桐汭西路与万桂山中路交叉口改造后

▶ 桐汭西路"路段长
责任制"公示牌

▶ 桐汭西路"优秀商户"
总结评比表彰大会

下午各1个小时。段长单位每天安排至少2名志愿者，开展文明劝导、志愿服务、环境清理等志愿服务活动，同时协调解决路段存在的突出问题。三是建立考评机制。将路段管理工作纳入市直单位年终目标任务考评，分值占比5%。坚持月通报和季度考核制度，由市纪委监委、文明办、城管局等部门进行专项常态考核，对人员不在岗、不认真履职的市直单位严肃问责。

二、部门联动，创建聚心聚力

一是推动"门前三包"。城管部门加强沿街商户环境卫生、经营停车秩序管理，与沿街245家商户签订"门前三包"承诺书，并在商铺门前显著位置悬挂，要求商户文明经营，保持店面干净，主动清理门前垃圾，线内规范停车，共同创造环境优美、秩序良好的文明街道。每年开展文明商户评比和文明示范街区评创，2019年评选文明商户3家。二是规范餐饮企业。市监部门加强沿街42家小餐饮管理，设置油烟污染举报电话，及时处置市民投诉的小餐饮污染问题。组织开展"拒绝野味，文明餐桌"活动，发放倡议书800余份；结合新冠肺炎疫情防控工作，倡导餐饮行业使用公勺公筷；倡导诚信经营，2019年评选诚信经营示范户10户。三是强化市政管理。住建部门成立市政维修管养应急小分队，定期组织排查，针对微信群、广德论坛群众来电反映的地砖松动破损、护栏损坏、路灯不亮、绿化养护不及时等问题，及时整改并回复。四是开展联合执法。公安交管部门常态开展非机动车逆行、行人闯红灯、乱扔乱丢、随地吐痰等不文明行为整治工作，利用电视媒体、电子显示屏、街头照片墙等形式常态曝光不文明行为，今年以来共处罚各类违法行为 500 余起，不文明行为明显减少，市民文明素质进一步提升。

三、社会互动，增强自治自觉

一是压实社区责任。充分发挥社区的属地责任，将主街道环境卫生秩序纳入社区网格化管理，分别计入沿线 5 个社区和 17 个网格联点共建单位双月考评成绩。二是倡导商户自治。建立桐汭西路"一街两委"管理机制。由城管局、市监局等部门组成自治监管委员会，沿街商户大会选举产生自治委员会，监管委员会给予自治委员会监督指导。制定文明街区自治细则，每月对商户进行考核，制作"文明诚信评分码"并上墙公示，在月评基础上开展年度评先评优，年度优秀商户在全市创建大会上进行表彰。三是发动群众监督。组织招募文明观察团 120 人，文明纠察团 128 人，长期开展桐汭西路街区"找茬"活动。今年以来累计发现问题 857 个，全部通过微信桐汭红小程序交办相关责任单位，目前已整改 833 个，正在整改 24 个。四是引导文明行为。合适路段放置烟蒂收集器，引导市民自觉定点投掷烟蒂，乱扔烟头行为明显减少；设置沿街公园绿化带内宠物便便箱，提供拾便工具，设置温馨提示牌，提醒居民及时清理宠物粪便；设置"幸福都是奋斗出来的"等 4 处大型景观小品，16 处创建工作和道德模范、中国好人事迹宣传栏，广泛刊播公益广告，引领文明风尚。

四、夯基行动，实现提挡提升

一是完善交通设施。实施 4 个交通路口渠化改造，完善红绿灯、人行道和非机动车等交通标识标线，常态开展文明交通志愿服务工作，交警与志愿者引导机动车、非机动车、行人各行其道，提高了路口通行效率，交通安全隐患明显减少。二是扩大停车容量。坚持应划尽划原则，在人行道等合适位置施划机动车和非机动车停车泊位，新增停车泊位 348 个；实施中鼎小区北侧、茗桂花园小区南侧人行道"砖改黑"工程，提升了停车位品质；倡导临街机关企事业单位停车场免费对外开放，有效缓解了街道两侧停车压力。三是增设充电设备。积极引入第三方投入，在商业集中区、沿街商住楼、巷弄口合适位置统一安装集中充电桩 16 处，满足临街商户和路过电瓶车充电需求，解决电瓶车飞线充电问题。

广德市坚持以人民为中心，广泛听取群众意见，调动市直部门、职能部门、辖区单位和社区属地各方力量共同管理城市道路，广大商户、群众在积极参与城市管理的过程中，进一步增强了文明意识、主人翁意识，市民的获得感、幸福感和满意度全面提升。

"zhì 在社区" 里的文明智慧

四川省都江堰市文明办

四川省都江堰市建成区 6 个街道共有 59 个社区，有老旧院落 300 余个，常住居民 5 万余人。老旧院落普遍存在缺失物管、卫生环境脏乱、杂物堆放无序、公共设施老旧残破、居民对创建工作的知晓率和满意度双差等共性问题。这始终是都江堰市文明城市创建工作的难点和痛点：一方面是院落居民对改善居住环境的迫切需求；另一方面是"钱"从何处来的现实问题。

在本轮创建过程中，都江堰市瞄准老旧院落治理这个"短板"，坚持"党建引领＋文明实践＋社区发展治理"的工作思路，创新推出"zhì 在社区文明实践"主题社会实践志愿服务项目。"zhì"包含着稚气、志愿服务、智慧、治理四层含义。2019 年主题社会实践志愿服务项目启动以来，首批 50 个院落通过 150 余次"微提升"志愿服务，清运垃圾 200 余车，增设公益广告近 500 幅，补划停车位1500 余个，带动院落居民、学生、家长和教师志愿者 6 万余人次参与文明城市创建，直接服务相关群众近 8 万人，受到社会各界的一致好评。

▲ 永丰社区新堰丽景 D 区 4 号院进门处
"微提升"前现场照片

◀ 永丰社区新堰丽景 D 区 4 号院进门处
"微提升"后现场照片

◀ 永丰社区新堰丽景 D 区 4 号院院门周边
环境"微提升"后现场照片

▲ 高桥社区枫林小区内居民休闲区"微提升"前现场照片

▲ 高桥社区枫林小区内居民休闲区"微提升"后现场照片

一、红领巾志愿服务队结对老旧院落

　　都江堰市各学校成立了以班为单位的红领巾志愿服务队，并就近就便与老旧院落结对。在治理过程中，红领巾志愿服务队还吸引了老师、家长、居民加入，壮大了治理队伍，据统计：在首批 50 个院落"微提升"工作中，每个红领巾志愿者带动 1.5 个成人志愿者参与活动，全年每个院落就有近 1300 人次参与院落治理的志愿服务。

二、解决老旧院落治理资金问题

　　市财政在创建工作经费中列支平均每个老旧院落 1 万—2 万元"微提升"激励资金，以调动各社区参与老旧院落治理的积极性；社区发动辖区企事业单位积极参与区域共建共享，以捐赠实物或资金的形式向老旧院落提供帮助，反之，老旧院落向辖区企事业单位错时开放停车位等公共设施，从而形成互帮互助、互惠互利的良性循环社区格局；各个社区以开坝坝会、入户等形式广泛宣传文明城市创建和院落"微提升"工作，动员院落居民积极参与居住环境改善、投工投劳活动，或是每户筹集 50—200 元不等的整治经费。其中，银杏街道高桥社区枫林小区通过以上 3 种渠道共筹集了整治资金近 30 万元。

三、解决老旧院落治理"力"往哪儿使的问题

　　都江堰市委宣传部（市文明办）按照创建全国文明城市测评指标体系的要求，梳理出小区院落整治标准 14 项，并要求各街道指导老

旧院落对标开展整治；各老旧院落按照整治标准逐一自查确定整治项目，广泛地征求院落居民的意见和建议，并听取结对志愿服务队指导老师的意见，形成充分代表民声民意的整治方案，从而使这项治理攻坚工作自下而上地稳步展开。

四、解决老旧院落治理"表"象反弹的困扰

红领巾志愿者、家长志愿者、教师志愿者、社区党员志愿者、院落业主代表 5 支力量整体联动开展整治，打扫卫生、清理垃圾和杂物、设置晾晒区、划定停车线、张贴公益广告、绘制文创小品、拟定院落文明公约、劝导文明行为、宣传文明城市创建等等。把家长、学校、社区的智慧力量紧密凝聚在院落治理的中心上。通过集中整治，老旧小区院落脱胎换骨、面貌焕然一新。结对的红领巾志愿服务队和业主志愿者代表还确定了每 2 周开展 1 次"回头看"行动，常态化开展整治，确保参与整治的院落长期保持"高光状态"。

五、牵住了老旧院落内"里"通达的牛鼻子

通过开展"zhì 在社区"活动，院落的环境卫生、管理秩序、文明氛围以及院落居民的归属感、幸福感、满意率得到大幅提升，真正实现了文明城市共建、文明成果共享的初衷和价值认同。幸福街道阳光新城小区，在整治中出台该院落的文明公约，修建了居民议事亭，动员居民自愿捐献盆花摆放在院落形成公共花园；奎光塔街道恬园小区以反映都江堰、青城山自然风光和文化底蕴的诗词嵌入院落文化形成

"诗词大道";银杏街道高桥枫林小区,以枫叶为主题进行墙面、地面、井盖、管井箱在地文化植入。

六、老旧院落变身为青少年参与社会实践的"新课堂"

活动开展过程中,社区搭建青少年社会实践志愿服务平台,充分给予学生个性化发展和兴趣养成的自主性,对青少年的潜力挖掘起到潜移默化的激励催化作用。在老旧院落治理的"新课堂"里,青少年以志愿服务的方式参与社会实践,用切身的体会来感受文明城市创建的荣誉感和艰巨性,收获了勤劳奉献带来的成就感和获得感。红领巾志愿者展现了"美德",老旧院落收获了"美颜"。

二　背街小巷篇

打造"和巷"文化让背街小巷彰显新活力

——以三眼井胡同为例

北京市东城区文明办

北京市东城区三眼井胡同隶属景山街道黄化门社区，东起嵩祝院西巷，西止景山东街，南与大学夹道相通，北与吉安所左巷、横栅栏胡同相通，全长 306 米，宽 7 米，因胡同内有一口三个井眼的井而得名。胡同现有门牌 85 个，户籍人口 1374 人。东城区在文明城区创建中将背街小巷环境整治提升作为改善民生的重要抓手，开展了"百街千巷"环境整治提升工程。景山街道以三眼井胡同整治提升为重点，积极发动公众参与，创新社区共治方法，提出"和巷"文化理念，带动周边街区整体提升，成为全国文明城市创建的一道亮丽风景线。

一、坚持党建引领，做到"一把尺子量到底"

按照"板块式推进、区域连片整治"的原则，景山街道自 2017 年 5 月开始，集中组织力量对三眼井胡同开展综合整治。工作启动之初成立街巷临时党支部，创立"四规范""五个一"工作模式，开展专题党课，广大党员在急难险重任务中打头阵、做表率，让党旗始终飘扬在整治一线。推行"五步工作法"，即建立明细台账、入户宣传确认、逐户确定方案、文明规范施工、做好整体提升五个关键环节，坚持一对一讲政策、面对面做宣传，严格遵循"不留死角全覆盖、不降标准严政策、不乱许愿无例外"的"三不"原则，确保整治有序推进。探索形成拆违"九字诀"：见（与房主见面，确认违建情况）、劝（宣传、劝导）、案（立案，做案卷）、限（贴拆除通知，下限拆令）、断（拆前切断水电气等）、转（帮助转移相对人和家居物品）、干（及时组织拆除）、办（对干扰阻碍执法的依法查办）、管（拆后出现的问题一管到底，防范重新搭建出现新增）。共封堵"开墙打洞"87处、面积1411.3平方米，拆除违法建设74处、面积708.5平方米，配合东城区有关部门将通信线路全部入地，做好街巷外立面提升、更换门窗、重铺路面、修建花池"留白增绿"、低洼院改造等工作，胡同风貌焕然一新。

二、广泛听取民意，实现精准整治提升

景山街道在整治过程中始终坚持广泛征求居民群众意见。针对外窗，一方面采用传统风貌的红窗框、绿窗格等，做到色彩符合古都风貌要求；另一方面采取内开内倒的断桥铝合金材质，满足居民防盗、防溅雨的需要；针对胡同老年人多的特点，在院门设立活动门槛，降低门前坡道坡度，加强防滑措施；针对胡同内枯死的老树，将留下来的树墩进行抛光、刷漆等处理，修建休闲座椅；针对生活困难、住房困难等问题，统筹民生保障力量，用足用好现有政策，问需于民，精准对接。胡同整治提升完成后，街道以网格化为基础，以扁平化为手段，以街巷长、小巷管家、物业、网格、城管、环卫、社区积极分子等"七种力量"为支撑，发挥综合执法平台、物业管理平台、街巷

▲ 三眼井胡同整治前

▲ 三眼井胡同整治后

▶ 三眼井胡同

▶ 提案小屋

▶ 小型消防站整治后

长监管平台的作用，固化整治巩固成果，推动城市管理更加精细。此外，景山街道根据街区特色，以居民需求为导向，推出"街巷织补+"行动，在疏解整治腾出的空间内建立起东城区首家小型消防站，安排专职消防人员24小时轮流值班，确保接到火情后，1分钟内出动开展灭火行动，有效提升故宫周边的防火能力和对地区文物的保护能力，使群众的幸福感、获得感和安全感得到大幅度提升。

三、"线上线下"联动，营造良好创建氛围

"线上"即街道与街巷提升设计单位合作，引入"路见"景山微信小程序，开展"景山小提案"活动。市民可以通过手机在街道地图界面里任一位置标记建议或改善内容，比如超市菜店、公共厕所、健身设施、夜间照明等。建议提交后，程序后台可以通过大数据分析，实现对市民意见的归类和实时查看，为规划设计以及城市管理提供依据。"线下"即按照"十无五好"街巷整治要求，大力推进"和巷"文化。将海棠花设立为"巷花"，作为三眼井胡同的标识，形成胡同印记，凸显文化内涵。搭建和巷"议"站平台，让居民有一个固定"参政议政"的场地，逐步形成"小巷管家吹哨，居民报到""社区吹哨，科室报到""街道吹哨，部门报到"的三级报到机制。在居民院成立院委会，通过"小院议事会"将大家真正关心、难解决的事情收集上来，分层分级协调好、落实好，形成"小院吹哨，社区报到"的第四级报到机制，将"街道吹哨，部门报到"的效果落实到基层的"神经末梢"，带动居民群众共建共享，形成"胡同文明我传承、胡同文化我保护、胡同建设我参与"的良好氛围。

小街巷关系大民生

——正定县背街小巷整治提升工作成效明显

河北省正定县文明办

　　城市里纵横交错的背街小巷，看似不起眼，却紧贴百姓生活，反映着一座城市的精细化管理水平和文明程度，涵养着一座城市的精气神。正定是习近平总书记工作过的地方，作为全国文明县城、国家历史文化名城，做好背街小巷的整治提升，对于改善民生，巩固全国文明城创建成果，体现古城风貌具有重要意义。2017 年以来，河北省正定县以全国文明县城创建为抓手，坚持以人民为中心的发展思想，按照习近平总书记"城市管理应该像绣花一样精细"的重要指示精神，结合河北省、石家庄市"三创四建"活动，坚持共创共建共享，利民为民惠民，把背街小巷环境整治提升作为一项重要民生工程抓紧抓好，使古城街巷既能满足人民群众日益增长的美好生活需要，又能体现正定特色和城市品位。

一、便民利民，把背街小巷整治作为民心工程倾力打造

　　城市环境整治提升，不仅要让城市有光鲜亮丽的"面子"，更要给广大居民整洁舒适的"里子"。正定县从群众需求入手，从背街小

巷整治着手，用"绣花功夫"，做好"精"字文章，打造精细、精致、精美的背街小巷。

小巷虽小，却与百姓生活息息相关。2017年以前，行宫西街、府前街道路坑洼不平，私搭乱建、乱堆乱放、乱扔垃圾、乱停车现象较为普遍，下雨积水泥泞，晴天尘土飞扬，影响着城市面貌和居民生活。其他像这样情况的背街小巷还有不少。民有所呼，我有所应。正定县从街区功能、交通状况、惠民利民等多个角度综合考虑、统筹规划，启动了对背街小巷的综合整治工作，拆除私搭乱建，整顿临街商铺，施划了非机动车停车线，对街巷进行硬化、亮化、绿化、美化。在府前街铺设了青石路，并在街南口新建了停车场，缓解了停车压力。在行宫西街种植葡萄树、凌霄花，让小街巷绿意盎然、生机勃勃；并利用边角空地在胡同附近新建了口袋花园，让背街小巷彻底脱胎换骨，成为优美宜居的家园。

正定县因地制宜对城区各条街巷实施了硬化、绿化、美化，突出特点和亮点。随着平整道路、规整管线、拆除违建、粉刷建筑立面等"整容"工作逐一开展，栽花种树、见缝插绿、墙画雕塑等一系列"美化"措施也逐步完成，各条街巷出现"变脸"似的变化，成为古城正定的颜值担当。中山路是正定南城区比较重要的一条主干道，周围景区景点密集，古建筑群较多。正定县对中山路每条临街胡同粉刷了墙面，安装了照明设施，重新规整梳理了电、网等线路，彻底清除"空中蜘蛛网"，使小巷面貌焕然一新。

城区内609条背街小巷全部完成整治提升。其中，共拆除违建426处，硬化沥青路面6.07万平方米、混凝土路面12.56万平方米，铺便道砖4.21万平方米，墙体粉刷27.64万平方米，安装路灯1332

盏，种植花木 3232 株，安装墙体花篮 990 个，悬挂灯笼 500 多个，张贴公益广告 3426 块。

二、突出特色，彰显古城历史文化内涵

正定是国家历史文化名城，城内星罗棋布的文物古迹穿越历史长河，使正定有"九朝不断代""文物宝库 旅游胜地"等美誉。2013年 8 月，习近平总书记对正定古城保护工作作出重要批示："充分肯定近年来正定古城保护工作。要继续做好这项工作，秉持正确的古城保护理念，即切实保护好其历史文化价值。"

为认真落实习近平总书记对正定古城保护工作的重要批示指示精神，恢复古城风貌，正定县将城区内背街小巷的改造提升纳入古城保护工程，把古城文化融入小街巷整治，更好地体现"古城古韵 自在正定"。

东垣街临近全国重点文物保护单位隆兴寺，是正定城内有名的街巷。作为连接中山路与常山路的街巷，巷子口修建了以青砖垒砌的、极具特色的拱门，路面皆以青石铺设，墙面是灰白相间的仿古砖，显得古朴典雅；定制了墙体花篮，悬挂了富有正定特色的灯笼，沿街种植了凌霄花、葡萄树。盛开的凌霄花，它们或是红红火火、热热闹闹地爬满整个花墙，或是零零落落、星星点点地散落在青石路上，使得小巷犹如一位撑着油纸伞的、风姿绰约的江南姑娘。夜晚点亮造型别致的宫灯，泛着点点红光，韵味悠长，散发着古城雅致古朴的迷人气质。通过改造提升，这些在时光中失去光彩的老民居、小巷子脱胎换骨，重新焕发青春活力。

▲ 正定县东垣街改造提升前

◀ 正定县东垣街改造提升中

◀ 正定县东垣街改造提升后

▲ 行宫西街整改前

▲ 行宫西街整改后

▲▶ 行宫西街夜景图

东垣街作为背街小巷中的典范，是古城古韵与现代气息相得益彰、珠联璧合的生动写照，迎接着来自四面八方的游客，展现着"古城古韵 自在正定"的独特魅力。很多游客纷纷慕名来这里拍照留念，文人墨客有诗云："凌霄塔下有人家，人家院落架篱笆。篱笆墙上花朵朵，朵朵竞向凌霄斜。"一首《古城小巷》更是在朋友圈广为流传。

街巷还设置张贴了古香古色、内容丰富的公益广告，让"社会主义核心价值观""讲文明树新风"等系列公益广告抬头即是、驻足即观。有的街巷还以优秀传统文化、文明乡风为主要内容，绘制了生动形象的文化墙，传递主流价值观，提升市民文明素质，以潜移默化的形式传承和弘扬着传统文化。

三、共治共享，科学规范实施常态化管理

人民城市人民建，建好城市为人民。治理背街小巷，离不开人民群众的广泛参与。为了让居民生活环境更加干净整洁，将"像绣花一样精细"的文明城市常态化管理延伸到背街小巷，综合执法局、正定镇等责任单位各司其职、协调联动，创新常态化管理模式，制定常态长效工作机制，严格实施网格化管理，细化任务、明确分工、责任到人，以看得见、摸得着的变化，实实在在地造福百姓。

综合执法人员强化卫生保洁，优化市容秩序，完善绿化亮化等设施，确保街巷常态化管理落实到位。卫生保洁严格做到垃圾杂物及时捡拾，垃圾日产日清、不遗撒，保证"三净"（路面净、道牙净、墙根净）、"六无"（无果皮纸屑、无杂草树叶、无垃圾污物、无人畜粪便、无浮土、无积水）的标准；不定期对垃圾桶进行清洁、消毒，保

持垃圾桶内外整洁干净。每条小街巷由小组长进行监督，随时检查清扫质量。市容管理实施分片包段责任制，城管执法人员加强日常巡查，采取徒步检查方式对乱张贴小广告、乱堆乱放等现象进行巡查，发现问题及时解决，保持市容美观有序。定期巡查照明设施，及时检修维护。

正定镇作为属地单位，坚持把文明城市常态化管理工作作为镇党委、政府重点工作，定期召开专项会议研究背街小巷整治工作，严格落实网格化管理，要求各村街背街小巷由包村干部、1—2名村责任人负责，构建起全镇参与、全面覆盖、上下联动的管理模式。

积极组织开展新时代文明实践活动，开展"党员志愿服务""小手拉大手"等活动，广泛发动志愿者参与小街巷管理。"最美正定人"公益社团、社区平安志愿者、各村街党员志愿小分队等志愿服务组织，经常出现在街头巷尾，进行卫生清洁、秩序维护、文明劝导等志愿服务，成为街巷常态化管理的新生力量。正定借创城之势，充分调动了广大群众热爱正定、建设正定的热情，形成干群齐动员，共创文明城的良好局面。

通过背街小巷改造提升，改善了居住环境，创新了治理方式，实现了精细管理，提升了群众幸福指数和城市文明程度。正定县将进一步巩固提升全国文明县城常态化管理，不断完善背街小巷精细化治理工作，改善群众身边的环境质量，打造"环境优美、文明有序"的街巷胡同，为建设新时代富裕美丽正定作出新的更大的贡献。

聚焦民生事　化解百姓忧

——泰山街道建好矿西"好人街"

江苏省徐州市文明办

江苏省徐州市泉山区泰山街道在全国文明城市创建中积极回应群众呼声，针对矿西便民街道路狭窄、环境卫生脏乱差、占道经营和车辆乱停乱放随处可见等问题，通过"一清二建三管"，加大整改治理力度，增添文明底色，一举疏通了堵点、打造了亮点，让这个过去群众躲着走的小街巷成了如今的网红街。

一、清理整顿

办事处向沿街 166 家经营业主发放《创建示范路（街、巷）告业户一封信》，对 50 家不规范经营店铺下达限期整改通知书。在广泛宣传动员的基础上，联合城管、交警、园林、房管等部门，采取"以点带面、全面铺开、整体推进"的方式，组织发动社区工作人员、志愿者、城管队员、环卫工人等，沿街排查，全面清除小广告、占道经营摊点，拆除违建大棚 3000 多平方米。

二、建设美化

泰山街道办事处自筹资金 470 万元，对该路段进行整治改造，促进提挡升级。一是进行道路硬化，重新铺设彩板人行道，修补破损路面。二是进行绿化美化，在路面摆放花箱，沿街种植花草树木，设置景观小品和休闲座椅等。三是新建三处休闲活动场所，增设"好人榜"。

三、加强管理

一是建立街面巡查制度，落实门前"三包"制度，加强日常维护管理。二是通过安装人车分流道路护栏，科学设置机动车、非机动车停放区域和场所，在主要路口设置隔离墩等，有效解决道路拥堵和车辆停放问题。

通过集中改造整治，矿西便民街面貌焕然一新，成了附近居民喜爱的休闲活动场所和学好人做好人的宣传阵地，被群众亲切地称为"好人街"。

泰山街道注重用好"好人街"，充分发挥道德模范的引领作用，通过推荐、评议、表彰、宣传身边好人，引导广大群众树立正确的道德观、价值观，推动街道群众精神文明创建活动深入开展。近期，街道选树推出了全国道德模范提名奖获得者邵帅等一大批各级各类道德模范和好人典型。"好人街"已成为泉山区一张文明名片，受到住建部有关领导的积极肯定，全国 20 多个省市的 50 多个代表团先后来到"好人街"学习考察。

▲ 改造前的街道环境

◀ 改造后的街道环境

▲ 改造前的街道环境

◀ 改造后的街道环境

▲ 改造前的街道店铺

▲ 改造后的街道店铺

"难点"变"亮点" 老街巷重获新生

浙江省丽水市文明办

小街小巷，是城市之窗，于细微处展示着一个城市的形象，与市民的生活息息相关。由于历史原因，这些小街巷在发展中逐渐和城市面貌脱钩，变成城市管理的难点。2017年以来，以创建全国文明城市工作为契机，浙江省丽水市全面开展处州小巷工程，变"难点"为"亮点"，将一条条小巷改出了美丽、改出了民生，获得了居民的认可。

一、沉寂：曾经的"市中心"变成城市管理死角

处州小巷总共有7条，分别是刘祠堂背、文昌路、桂山路、绅弄、泰山弄、酱园弄、营房弄，这些小巷分布在城区中心，承载着城市的历史记忆和人文基因。近些年来，这些曾经繁华的老街老巷却慢慢被现代化城市所遗忘，缺乏投入和治理的小街巷逐渐和城市面貌严重脱钩，让世代居住在此的居民心里很不是滋味。由于配套设施不全、环境卫生问题突出，这些小街巷道路坑洼、黑灯瞎火、没有绿化，乱堆乱放、乱搭乱建、乱拉乱挂、车辆乱停等问题随处可见，变成了城市管理死角，给沿街市民的工作、生活造成诸多不便。

二、蜕变:"边角地带"重新焕发生机

小街小巷作为城市的毛细血管,虽然空间小,人口密度却很大,对其进行整治改造关乎百姓的幸福指数。2017 年以来,市区两级精心确定设计方案和工作计划,强力推进处州小巷工程。一方面,快速完成平整道路、规整管线、拆除违建、粉刷建筑立面、路面亮化等基础设施建设;另一方面,修建花坛、见缝插绿、墙画雕塑等美化工程也一项项完成。原本脏乱差的小巷里弄变得整洁、通畅、有序,辖区居民推窗见绿、出门赏景,小巷渐渐热闹温暖了起来。

三、铸魂:复活处州千年记忆

处州是丽水市的古称,迄今已有 1400 多年的悠久历史,坐落于市中心的处州小巷有着丰富的历史和人文内涵,集聚了汤显祖恩师何镗故居、丽水中心县委旧址等众多文物遗址,这些文物遗址是文脉传承的载体;老丽水人代代铭记的历史,则是城市的灵魂。万象街道在不影响原有历史风貌的前提下,充分挖掘历史和人文文化,按照不同小巷的特点,分别做好设计规划,每条小巷围绕一个主题进行提升改造,分别是:桂山路——摄影文化主题,绅弄——乡愁与处州士绅文化,刘祠堂背——刘基文化主题,文昌路——"千年古城,文运隆昌",酱园弄——酱园文化主题,营房弄——草药养生主题,泰山弄——瓯江文化主题。在改造过程中,街道精心对每条街巷墙面布置相应主题的历史文化景框,分别设计制作不同风格的公益广告和公益小品,设置独具特色的路标、门牌。改造后的小巷有故事、有文化、

▲　背街小巷改造前

▲　背街小巷改造前

▲　背街小巷改造后

▶ 背街小巷改造后

▶ 背街小巷改造后

有灵魂，不仅勾起了老丽水人的处州记忆，还有很多游客慕名前来了解处州文化，成为宣传处州千年历史人文底蕴的窗口。此外，街道还根据每条小巷的主题设计垃圾桶、休闲座椅、装饰灯杆等公共设施，营造休闲氛围，让路人愿意停下脚步，驻足观赏。

四、认同：在改变中提升群众获得感、满意度

由于工程改善涉及居民多、利益矛盾多、改造难度大，在工程推进之初部分商户担心改造影响生意、居民担心影响日常生活，对工作并不是十分配合。随着处州小巷从内到外的蜕变，破损路面变得顺畅整洁，卫生死角已不复存在，文化氛围日益浓厚，市民的生活环境焕然一新，大家对处州小巷工程的认同感和自豪感与日俱增。许多居民从刚开始的不理解，转而开始主动维持环境，谁都不好意思做出破坏环境卫生的行为。甚至还有居住的市民主动提出自掏腰包，对自家门前的环境进行修缮。对街道而言，从处州小巷工程收获的是市民自觉维护城市环境的意识，更是治理理念的转变、城市管理水平的提升。

唱好建管提升三部曲　小巷华丽转身新地标

——以庐阳区丁家巷为例

安徽省合肥市文明办

　　丁家巷，清代淮军将领张树声后人"张氏四姐妹"故居所在地，位于安徽省合肥市庐阳区桐城路与红星路之间，全长约 260 米、宽约 6 米，由西向东，再向南接红星路，呈"L"形。改造前的丁家巷，道路破损、排水不畅，车辆乱停、摊点乱摆，原本狭窄的小巷拥堵零乱，此起彼伏的嘈杂声影响居民休息，小巷居民苦不堪言。安徽省合肥市庐阳区在全国文明城市创建过程中持续加大小街巷改造提升力度，秉承精心构思、尊重文化、保持特色的宗旨，力求让每一条小街巷便民利民，成功打造出以丁家巷为代表的一批特色街巷，让曾经的创建"老大难"变身为如今的城市"风景线"。

一、改造提升"古今融合"

　　一是征求民意面对面。街巷改造前先征求群众意见，确定整治内容。改造方案初步形成后，再次座谈征求群众意见，完善方案设计。二是硬件改造全方位。改建地下管网，修复破损街面，提升景观照明，增设绿化小品等，小巷实现了路平、灯亮、停车有序，创造了文

▲ 丁家巷改造前环境

◀ 丁家巷改造后环境

▲ 丁家巷改造前环境

◀ 丁家巷改造后环境

▶ 丁家巷改造后的"张氏四姐妹"照片墙

▲ 丁家巷改造后的仙女图文化墙

明出行的良好基础条件。三是人文典故巧融入。从红星路走进巷子南入口，墙面绘着一幅仙女图，取自老合肥"九曲水上升仙桥"的神话传说。两侧新修的红砖围墙上每隔十来步便镶嵌一个石雕，刻画着跳绳、滚铁环等怀旧画面。巷口的"张氏四姐妹"图片墙述说着动人的故事，将历史故事和神话传说融入到景观中，打造温馨和谐的现代睦邻生活环境。

二、精细管理"人机协同"

一是网格包保全覆盖。建立"一长两员"责任制，即设置巷长、问题处置员、日常巡查员，通过每日开展实时巡查，对发现的巷内乱停放、乱堆放、设施破损等问题第一时间处理，确保小街巷"有人管理、有人跟进、有人负责"，切实做到路段全覆盖、责任全落实。二是清扫保洁立体式。通过白天机械湿扫、人工保洁加夜间机械化冲洗相结合的作业模式，配备专业小型油污清扫作业车，加大小街巷机械化作业力度，推行"扫、冲、洗、洒、保"联合立体作业，并对小街巷护栏底座、垃圾桶等环卫设施实行每日不少于一次的清洗，在细微处提升环卫作业精细化水平。三是智慧平台促高效。在全区智慧社区平台里，通过监控设备实现对小街巷内的流动摊点、店外经营、乱张贴、装修垃圾堆放等行为自动告警，并及时派单处理。能即时办理的案件，网格员会以自处件上报平台，不能即时办理的案件，及时上报平台，协同相关部门联合办理，推动处置效率明显提高。

三、合力合为"居企联手"

一是"门前三包"联盟化。由丁家巷所在的逍遥津街道四牌楼社区牵头，成立由巷内单位、经营户、小区物业组成的"门前三包责任联盟"，对"各自门前"的环境卫生、市容秩序、门前绿化进行包保。同时，街道城管执法人员、市场监管所网格员和社区网格员，组成执法巡查小组，负责监督、指导联盟内所有经营户，对责任联盟反映的问题及时协调处置。二是居民议事规范化。成立居民议事会，由巷内居民楼长、热心居民、辖区单位代表、小区物业代表组成，定期召开居民议事会，收集各方对街巷环境卫生、公共服务等方面的意见建议，采取"一事一议"的方式，按照事件陈述、通报解决建议方案、发表意见、无记名投票表决的程序进行民主决策，为居民和企事业单位解决实际问题。三是自治管理常态化。注重发挥居民自治力量参与街巷管理，通过号召辖区志愿者、小区楼长、居民党员等组成居民自治服务团队，监督商户日常经营行为，并开展乱张贴清理、乱停放整治、遛犬不牵绳等不文明行为劝导等志愿服务活动。

改造后的丁家巷一改原来的沧桑残破，石板路平坦整齐洁净，基础设施齐全功能完善，路灯明亮治安良好，文化墙平添人文韵味，传承延续小巷文脉，在"内外兼修"中挣了"面子"、厚了"里子"，小巷居民的幸福感、安全感、自豪感明显提升。

让背街小巷这个"里子"亮起来活起来

河南省漯河市文明办

河南省漯河市坚持把社区、背街小巷、老旧小区的问题整治提升作为工作抓手和突破口，着力打造"设施齐全、环境优美、交通顺畅、管理有序、安全文明、文化浓厚"的街巷环境，努力让创建成果惠及群众。

一、坚持规划先行，群众生活的难点就是整治的起点

依托"三问于民"创文进社区大调研、大走访活动，为群众搭建参与创建平台，积极引导群众参与，居民急需什么就整治改造什么、哪些问题突出就先解决哪些问题、哪些问题影响群众生活就先解决什么问题。组织对全市背街小巷进行摸底调查，在充分考虑不同背街小巷的问题实际，广泛征求群众改造意愿的基础上，研究编制背街小巷综合整治提升规划。在整体推进背街小巷整治提升过程中，坚决不搞"一刀切"，按照"一街一标准、一巷一特色"的要求，积极选取条件较好的、有文化底蕴的背街小巷，塑造特色，打造精品整治项目，实现既对硬件设施修补提升，又对软件问题着力解决。

二、坚持精准施策，让综合整治提升经得起群众检验

根据总体规划，逐年制定背街小巷综合整治方案，明确年度目标任务、工作标准、职责分工和推进措施。研究制定专项资金管理和奖补办法，把整体工作推进、日常管理、项目完成等情况通过考核进行综合评定，设定为四个等级，分等级实施资金奖补，充分调动各区各街道办改造提升的积极性。在施工过程中，严格执行工程建设有关规定和程序，按照设计规范及创文标准，统筹安排，科学组织，在保质保量的前提下加快工程进度，同步做好施工扬尘防治、道路通行保障工作，努力把施工造成的扰民现象降到最低限度，真正把好事办好、实事做实。

三、坚持以人为本，让群众生活得更舒心更满意

重"颜值"更重"气质"，环境整治只是一个前提，背街小巷的灵魂在于文化。为让居民在赏心悦目的文化氛围中接受文明熏陶，结合小巷自身特点，通过文化元素的植入，借助楼体的改造，让历史文化、现代文明与群众日常生活有机融合，真正让老街巷亮起来、让胡同文化活起来、让老百姓笑起来，整治后的一条条街巷变身为文化街巷，古香古色、韵味十足。如郾城区以该区"八大景、八小景"为特色，进行残墙修补、立面粉刷、管道疏通、道路硬化、绿化亮化、线路捆扎、门窗仿古整修等，百年街巷重焕荣光；召陵区结合万顺街老年人居多的特点，制作以"二十四孝"为主题的宣传长廊，打造"孝文化一条街"；结合万祥街紧邻京广铁路线，居民多为铁路职工的特

▲ 郾城区黉学街治理前

◀ 郾城区黉学街治理后

▲ 郾城区祁山路治理前

◀ 郾城区祁山路治理后

▲ 召陵区万顺街治理前

▲ 召陵区万顺街治理后

点，打造了"火车文化一条街"；结合天桥街百年老街特点打造了"天桥影巷"；源汇区在受降路改造过程中，结合漯河作为全国16个受降区之一接受日军官兵投降的历史，收集相关资料，打造了特有的抗战文化；在东安街改造过程中，充分挖掘漯河历史典故，打造具有古风色彩的百年老巷；在戏楼后街，利用戏迷文化和脸谱文化，打造以戏曲为主题的特色文化街道……

近几年来，漯河市共投资2.24亿元，综合整治背街小巷2123条，改造面积约107万平方米，实现了背街小巷硬化美化亮化全覆盖，彻底整治脏乱差，打造出一条条极具特色的文化小巷，文明风尚日趋浓厚，居民文明素质全面提升，群众幸福指数不断攀升，彻底打通了密切党群、干群关系的"最后一公里"。在中央文明办组织的年度测评中，漯河市群众满意度由2016年度的79.2%提升到2019年度的98.87%。

下足三重"绣花功夫" 推进背街小巷精细管理

四川省眉山市文明办

　　四川省眉山市位于成都平原西南腹地，地处岷江中游，主城区面积 64 平方公里，常住人口 50 余万，共有背街小巷 550 余条。过去"路不平、灯不亮、污水冒、垃圾多"等现象比较突出，商户、游摊小贩占道经营、车辆乱停乱放等问题尤甚，群众要求治理背街小巷、改善生活环境的愿望十分强烈。自 2018 年启动全国文明城市创建以来，眉山市积极回应群众呼声，下足三重"绣花功夫"推进背街小巷精细管理，取得了明显成效。

一、下足建设投入之功，实现建设维护精准化

　　一是精准掌握巷道状况。成立背街小巷精细化管理工作领导小组，将主城区划为 5 个片区，设立 5 个专项工作组，对每条街道、人行道路面状况进行登记造册，每月进行 1 次全面检查，每月更新 1 次信息，每月向领导小组报告 1 次动态情况，切实做到所有背街小巷状况精准掌握。二是精准实施维修改造。领导小组根据掌握的背街小巷现状信息，按照轻重缓急和群众意愿，有计划、分阶段推进维修改造，让"花在刀刃上的钱"发挥最大效益。截至 2020 年 6 月，共

▲ 金鑫东街二段整治前

▲ 金鑫东街二段整治后

▲ 珠市街二段整治前

▲ 珠市街二段整治后

投入 2.6 亿元，维修车行道 3.9 万余平方米、人行道 4.5 万余平方米，更换雨（污）井盖 0.3 万余个、路灯 1.3 万余盏，背街小巷基础设施和人居环境得到极大改善。三是精准开展专项治理。车辆停放无序和违规占道经营是背街小巷治理两大"顽疾"。眉山市按照"单边划线""应划净划"原则，新划机动车位 1.2 万个，非机动车位 0.9 万个，彻底解决车辆乱停乱放"顽疾"。通过统一发布公告、上门宣传劝导、商户自行规范、联合集中执法等形式，持续深入开展专项治理行动，有效清除违规占道经营"顽疾"。

二、下足力量配备之功，实现常态管理精细化

一抓环境卫生精细管理。推行环卫处、所、管理员三级督察制度和日检查、周通报、月评比制度，实施"定人、定车、定点"巡回作业，采取"人工普扫＋高压冲刷"方式，开展城乡接合部、河道周边、城中村垃圾专项整治，消除卫生死角，增设分类垃圾收集容器 0.5 万个，做到垃圾定点投放、及时收运、日产日清。二抓市容秩序精细管控。重点针对机动车、非机动车、行人不文明交通行为，以街道、路段、点位为单位划分 23 个网格化警务区，"面、线、点"三位一体落实责任人，采取日常管理和集中整治相结合的方式，高频次开展规范经营行为、拆除违规搭建、清理破旧店招专项行动，有效保持背街小巷良好秩序。三抓游摊小贩精细安置。采取疏堵结合方式，统一规划 8 条街道，4 个夜市摊区，3 条夜宵特色美食街区，设置便民摊位1500 余个，引导广大夜宵餐饮业主入驻经营，有效破解长期困扰市民的油烟污染、噪音扰民等突出问题。

三、下足体制机制之功，实现日常管理制度化

一是落实机关单位"包保"制度。2018 年 10 月起，落实 100 余位市区领导、300 余个企事业单位，分类包保城区 53 个社区、1000 余个网格，每周组织 1 次包保主题活动，每月召开 1 次包保协调会议，集中研究解决背街小巷出现的问题。目前，包保单位共派出干部 9.6 万人次，提供帮扶资金 3000 余万元，解决疑难问题 4000 余个。二是落实"社区吹哨，单位报到"制度。建立"社区吹哨 + 部门报到"制度，社区梳理形成问题清单，"吹哨"交办相关部门，通过"四函一报"（即宣传教育确认函、包保力量派工函、问题推进交办函、问题落实整改函、典型问题通报）的方式，形成多方联动、同向发力、齐抓共管的工作格局，推动社区无法解决的问题妥善解决。三是落实"门前五包"制度。通过发放宣传册、签订目标责任书、张贴公示牌等方式，引导商户自觉开展"门前五包"活动，通过组建由包保单位、职能部门相关人员、社区干部、"五老"人员、商户代表组成的社区巡查团，每周开展 1 次巡查，发现问题"一次口头警告、二次黄牌警告，必要予以曝光"，实现了由一群人创建到一城人创建的可喜转变。

解放西街"包子铺"计划让老旧街巷换新颜

宁夏回族自治区银川市文明办

    济慈巷是宁夏回族自治区银川市兴庆区解放西街辖区的一条老旧街巷，全长约 900 米，周围贯穿福川苑、福星苑、福天苑、福地苑四个居民小区，居住人口密集。由于街巷狭窄，商户众多，人流量大，以前的济慈巷是一条存在着街面流动摊点多，机动车、非机动车停放无序，"门前三包"责任落实不到位，充电难等诸多问题的老旧街巷，围绕老旧街巷突出问题，银川市兴庆区以整改创建全国文明城市为契机，主动作为，实施"济慈巷形象改造提升"计划，改造后的济慈巷面貌焕然一新，市容市貌有了很大的提升。

一、创新治理，实施西街"包子铺"计划

    2019 年兴庆区结合"不忘初心、牢记使命"主题教育要求，策划开展了"头脑风暴"活动，围绕基层治理中的痛点、难点问题，集思广益、群策群力，其中一期围绕"门前三包应该怎么包"的讨论中，激发出了西街"包子铺"计划。今年，解放西街以济慈巷试点实施西街"包子铺"计划，将"门前三包"拓展为"门前五包"，在原有包卫生、包绿化、包秩序的基础上，增加包诚信、包安全两个方面，在沿街商

户中开展"包子铺"宣传和测评工作，根据评定结果，在每家店铺门口悬挂"门前五包"所获得的"包子"数，以形象易懂的方式推动商家自我管理、自我完善、自我提升。同时，依托市民驿站及辖区各类资源优势，给予"五星包子铺"兑换市民驿站教育课程、人民会堂音乐剧（话剧）票、辖区停车场停车券等奖励，以看得见摸得着的实惠激励商户更好地履行社会责任。通过多部门参与、张榜亮"美丑"的方式，提高商户主动维护市容环境与安全的意识，变被动监督落实为主动承担责任，形成共建共治共享的基层治理格局。

二、问需于民，解决商户烦心事

目前银川市各小区内均已安装了充电设备，但是商户充电难一直是商户的烦心事，商户只能从商铺拉线充电，社区工作人员在劝导时，商铺总以无法充电为由拒绝整改，导致私拉电线充电情况反复出现。为解决商户电动车充电难问题，避免私拉电线产生的安全隐患，兴庆区解放西街协商宁夏景丰能源科技有限公司在济慈巷街面安装了8处充电桩，济慈巷的充电桩也是银川市目前安装的第一处街面充电桩，充电桩实行扫码付费，安全便捷，极大地方便了周边商户。

三、精细治理，改善老旧街巷面貌

银川市推行"街道吹哨，部门报到"机制，各街道向住建局、交警、市容环卫、综合执法、市场监管、应急管理局、派出所等多部门综合"吹哨"，多方联动，精准发力，改善老旧街巷面貌。解放西街

▲ 社区网格员悬挂"包子"

◀ 商户悬挂"包子"

▲ 街面充电桩

◀ "五方联动"上门测评

▲ 改造前的济慈巷

▲ 改造后的济慈巷

积极协调住建局对济慈巷坑洼不平的路面进行了维修改造，对下陷的雨水井和污水井进行提升，解决了居民出行不便、下雨天积水致使道路难行的问题；积极协调交警队，在济慈巷两侧合理规划机动车、非机动车停车位，安装非机动车隔离栏，多次开展志愿者"文明劝导"或交警"现场处罚"整治活动，下大力气解决"乱停车"问题。针对济慈巷道路两侧环境不优、缺少休息乘凉之处等突出问题，通过设置灭烟柱、铺设树坑绿草皮、彩绘涂鸦隔离墩（电线杆）、配备便民环卫工具箱等多项举措，解决综合治理突出问题，将街道和部门"拧成一股绳"，有效发挥职能部门优势，形成融合共建、精细治理合力，使老旧街巷旧貌换新颜。

三　老旧小区篇

提升改进老旧小区　增强群众幸福指数

河北省邯郸市文明办

为持续巩固文明城市创建成果，坚持以人民为中心的文明城市建设理念，将老旧小区改造提升列为文明城市创建重点任务，按照"科学管理、便民惠民、常态长效"的原则，着眼于办好群众身边实事，提升城市文明程度，由市房管局负责连续三年把老旧小区改造工作列入全市 20 项民心工程和 10 件民生实事，累计投资 25.8 亿元，大力推进全市 1064 个老旧小区改造，延伸管理链条，提升服务水平，惠及 50 万余人，切实增强群众的获得感、幸福感、安全感。

一、实施精准改造，提升基础设施建设

重点抓住"清、建、美、智"四个方面。一是清除私搭乱建。老旧小区普遍存在私搭乱建现象，公共空间被严重挤压，引发环境卫生、乱停乱放、消防隐患等一系列问题。从 2017 年开始，邯郸市以清除私搭乱建、清理破窗开店为突破口，全市社区小区共拆除各类违章建筑 200 万余平方米。二是整修基础设施。对社区综合文化活动中心，特别是"五室"建设，投入 4000 余万元，扩容 36150 平方米。针对供水、供电、分类垃圾箱等 9 项群众关注的问题，开展专项整

治，累计改造管网 82 公里，硬化路面 25 万平方米，更换增设照明设施 1 万余盏，停车位 13473 个，老旧小区基础设施建设水平大幅提升。三是优化美化环境。清理非法小广告 43 万余处，粉刷墙壁 168 万平方米。累计植树 22 万余株，增绿补绿 13 万余平方米，打造精品游园广场 320 余个。四是打造智慧社区。全省首家开发并投入使用"互联网＋社区服务"智慧小区管理平台系统。安装进出口人脸抓拍、安防监控中心等智能化管理手段，投用后可为居民提供智慧监控、智慧消防、智慧医疗等 12 大项服务。目前 30 个"智慧平安小区"建设中。

二、探索"红色物业"，推进管理常态化

积极探索"红色物业"管理模式，有效解决老旧小区物业常态管理的难题。一是完善组织架构体系。明确"党管物业"的思路，通过构建"红色物业组织领导体系＋市场化运营分级管理模式"，街道办成立红色物业管委会、社区成立红色物业管理服务中心、小区成立服务站和物业联盟。全市建成 67 个红色物业管理服务中心、139 个红色物业管理服务站、112 个红色物业联盟。二是发挥先锋模范作用。"红色物业"志愿服务队不计报酬为小区群众提供服务，实现了物业服务质量、群众满意度和缴费积极性"三提升"。2020 年以来，"红色物业"志愿服务队组织开展活动 700 余次，服务时长 85690 小时。三是强化基层社会治理。定期召开联席会，党群共同商讨问题，成为沟通新纽带，在维护社会和谐稳定、做好疫情防控、创建文明城市等方面起到了重要作用。全市已有 560 余个小区推行"红色物业"管理模式。

▲ 改造前的小区环境

◀ 改造后的小区环境

▲ 改造前的小区文化建设

◀ 改造后的智慧社区

▲ 改造前的小区街道

▶ 改造后的小区街道

▲ 小区公园建设

▲ 健康宣讲活动

三、整合资源，打通便民服务"最后一毫米"

将完善便民服务功能作为老旧小区改造的一部分，打造便民服务综合体，让群众在家门口就能满足生活、学习、休闲、医疗等各种服务。一是重规范。针对便民设施不足，服务水平不高、种类不全，邯郸市将便民服务规范管理纳入老旧小区改造之中，清理阻塞交通、卫生隐患等 400 多处，建设惠民设施、划线经营 500 余处。二是全覆盖。充分利用废弃厂房、金边银角，因地制宜建造运动场地、社区服务中心、医疗服务机构等。邯郸主城区 241 个社区 1342 个小区已基本实现"15 分钟便民生活圈"全覆盖，惠及群众 100 万余人。三是育特色。整合居家养老、文体休闲、医疗诊所、超市等生活服务资源，集中打造 9 家便民服务中心，推广"一站式家门口服务"。优化了城市管理水平，留住了城市"烟火味"，提升了文明城市的温度。

四、搭建活动载体，提高市民参与度和满意度

坚持以人民为中心的文明城市建设理念，着眼于丰富市民文化生活，通过搭建各类活动载体实现居有所乐、老有所依、幼有所教。一是立德铸魂，营造和谐的社会氛围。常态化开展社会主义核心价值观教育实践活动，建好用好道德讲堂、善行功德榜，运用"惠民帮帮团"、专题展览、主题教育，开展思想引领、价值引领、典型引领、精神引领，用群众语言讲群众身边人、身边事，让群众感同身受。二是弘扬新风，创建温馨的邻里关系。社区党支部和居委会组织社区居民共度元宵、端午、中秋等中华传统节日，举办社区邻里节、趣味运

动会等活动，为居民搭建相互沟通交流的平台，打破家庭的小圈子，形成邻里之间守望相助的社区文化氛围，更加健康和谐的人际关系。三是志愿关爱，疏解群众的实际困难。依托全市 241 个社区志愿服务站、4689 个志愿服务组织、130 万志愿者，深入老旧小区开展面对面、分众化的特色志愿服务。举办"爱心超市"，每周末进小区开展医疗义诊、应急救护知识讲座、心理咨询、家政服务等志愿服务。截至目前，"爱心超市"已经连续开展 5 年，累计走进 100 多个社区，开展志愿服务 500 余场，让群众精神上有收获，物质上得实惠。

打造老旧社区"15 分钟和美生活圈"

——以金瓯—东关老旧社区改造为例

浙江省金华市文明办

第六届全国文明城市创建以来，金东区始终坚持"以人民为中心"的思想，以"人民对美好生活的向往"为奋斗目标，坚持"创建为民、创建靠民、创建惠民"，全力打造"15 分钟和美生活圈"，市民幸福感、获得感显著增强。

浙江省金华市金东区东孝街道金瓯—东关老旧社区块，以通邮街为中轴，由邮电、戴店、联建小区组成，共有居民 1000 余户。小区全部建成于 20 世纪 90 年代，是典型的老旧区块，被基础设施陈旧、楼道"牛皮癣"、空中飞线、立面破损、停车难停车乱等十大类顽疾长期困扰。

近年来，金东区把金瓯—东关老旧社区块作为文明创建标杆项目进行打造，总投资 1800 万元，实施地下雨污管网、路面改造，小区建筑物立面改造、强弱电下地工程、文化氛围营造、文体设施更新、楼道内部基础设施提升，沿街店铺立面改造，小餐饮店生产经营规范化设施建设，农贸市场提升改造，特色文化街打造，停车场建设及标志标线施划等子项目 80 余个。坚持硬件提升和动态管理问题整治有机结合、统筹推进，坚持"里子工程"和"形象工程"两手抓、两手硬，一改到底，下足绣花功夫。区块人居环境焕然一新，市民群众纷纷点赞。

一、创建惠民，精心谋划老旧社区功能品质提升

项目引入社区"15分钟和美生活圈"概念，精心谋划社区功能服务场所、文体活动场所、教育医疗站点、农贸市场、商超餐饮、休闲娱乐场景点位文明提升。例如，在对金瓯路农贸市场的提升中，以"四亮化"工程推动市场功能分区更合理、食品安全更保障、排水保洁更高效、采光照明更适宜、内外风格更协调、外围环境更舒畅，为居民日常购物带来明显不同的体验。项目还重点改造利用了社区闲置区块、脏乱差地带3处。其中，通邮街边一处敞开地铺式垃圾房改造成为干净整洁、与街景协调美观的"两定四分"法垃圾分类投放点，改造后广受居民认可。项目还引入"七化一文明"概念建好细节。"七化一文明"即硬化、洁化、绿化、美化、亮化、有序化、文化。项目全面改造了包括老旧小区外墙、楼道、单元门、辅房、停车泊位、消防通道、背街小巷、路灯、绿化带在内的一系列基础与配套设施，实现区块整体观感发生蜕变。

二、创建为民，硬件提挡彻底治理动态乱象

针对老旧区块存在的卫生脏乱差、停车秩序乱等城市顽疾，金东区坚持以区块居民的民生需求为本，邀请省域一流设计团队，精心提挡市政基础设施，营造养成文明好习惯的环境氛围。例如，为解决通

▲ 邮电小区正大门改造前

◀ 邮电小区正大门改造后

▲ 邮电小区篮球场改造前

◀ 邮电小区篮球场改造后

▲ 戴店小区立面及辅房改造前

▶ 戴店小区立面及辅房改造后

▲ 通邮街改造前

▶ 通邮街改造后

邮街"停车难、停车乱"问题，金东区考虑居民停车需求，对街面实施整体改造，将原本因为地下暗渠（通邮渠）而高低断层、12根高压电杆立于中央的路面"拉平"，并整体下降3—15厘米，顺接戴店小区路口，改造后路面最明显处拓宽8米。路面规范划设机动车车位30余个，结合金瓯路农贸市场停车场建设，有效解决了停车难问题，路面交通秩序大为改善；为消除"乱晾晒"现象，由社区统一增设便于低层居民户晾晒的多功能移动晾晒区。为消除农贸市场周边乱停车现象，将非机动车停车区优先设在市场出入口附近，机动车设在较远处，最大化为居民带来便利。

三、创建惠民，创新管理保障文明常态长效

金东创新制定"一场五方管理机制"。该机制以农贸市场及其周边小餐饮店为管理核心区，由市场监管、行政执法、交警、街道和居民志愿者等五方共同发力，针对不文明停车、占道经营等现象常态化开展文明劝导和联动执法，形成良好的引导和示范效果，商户经营行为更加规范，市民框线内停车、不乱丢垃圾等文明意识显著增强；针对老旧社区没有物业公司负责日常管理问题，金东区指导小区业委会采用"五有四保"准物业模式，聘请人员规范开展服务工作。"五有四保"即有机构、有场地、有队伍、有保障、有机制，保洁、保安、保序、保维护。同时，按照"找得到人、解得了难、办得好事"的服务承诺，在小区配置由社区干部、党员和热心居民组成的服务团队，组建红色网格志愿队、美丽大姐、楼道长等志愿活动群体，实现联系群众全覆盖、邻里互助更暖心，进一步激发老旧社区块的治理活力。

四、创建靠民，设施环境营造强化百姓需求

在区块提升整体采用标准化设计的同时，金东区在景观和小区设施打造上，充分考虑百姓需求，体现居民"众筹"特色。在项目设计方案论证阶段，金东区充分征求居民意见。例如，通过与居民座谈，通邮街商定以"邮电发展史"为主题，将背街小巷树池围栏设计为休闲坐凳，打造出一条富有居民归属感和新奇感的文化街。考虑到小区不同年龄层居民对于体育活动场地的不同需求，项目增设针对老年人的门球场，重修针对青年人的篮球场，打造高使用率的"七彩健康角"。在小区文化氛围营造上，突出楼道特色，设置可有机更新的楼道牌，设置便民信息发布栏和楼道长信息公示栏及社区居民公约、公益广告栏，助力以"环境好、设施好、秩序好、美化好、友爱好"为标准的"五好楼道"创建开展。除此之外，小区在公共场所醒目位置设置"笑脸墙"，集中展示小区文明物业、文明家庭、文明志愿者、金华好人，以身边看得见的先进典型，进一步倡导文明新风，从而营造居民自治、和谐邻里文化氛围，持续激发文明提升内在动力。

聚焦"三园"目标 改造老旧小区

——以龙池社区改造为例

安徽省滁州市文明办

滁州市琅琊区龙池社区位于滁州老城核心区域，辖区共有小区16个，多为过去关、停、并、转企业的宿舍区，改造前环境脏乱差、配套设施老旧等问题突出。自2018年以来，以全国文明城市创建为契机，滁州市把老旧小区改造作为提升居民生活品质的重要抓手大力推进，龙池社区等一批老旧小区顺利实现"破旧立新、一步一景"的华美蝶变，被改造成为广大市民的宜居花园、文化乐园、精神家园。

一、完善服务功能，致力打造"宜居花园"

一是内外兼顾改造。改造项目不仅关注楼宇外貌、小区环境等"面子"的亮丽，更关注楼道破旧、管线老旧、排水不畅等"里子"问题的解决，确保灯亮、路平、管线齐、下水畅、环境美。在《安徽省城市老旧小区整治改造技术导则》确定标准基础上，将无障碍设施、垃圾分类收集设施等列为改造内容。二是完善配套设施。在西涧二村等老旧小区改造过程中，从改观小区面貌、改善房屋功能、改造基础设施、改优居住环境等方面统筹施策，注重解决停车难、群众活动场所少等实际问题，在小区内或周边配建公共停车场、晨晚练点及文化活动中心等，在各小区设置邻里比美角、和谐议事亭等新时代文明实践点。三是自主自治管理。以长效管理来巩固改造成果，改造后的老旧小区召开业主大会，成立业主委员会。对物业服务已进驻的，实施物业管理达标升级；对物业服务未进驻的，积极探索"就近打捆"集中管理模式，如西涧二村与西涧一村"就近打捆"选聘一家物业企业进行服务。业主委员会和小区均成立党支部，以"红色物业"引领小区服务，巩固改造成果。

二、强化阵地载体，致力打造"文化乐园"

一是健全文化阵地。依托改造提升后的龙池花园小区建立起社区综合文化服务中心，规范建成电子图书阅览室、未成年人心理健康咨询室和家长学校，相继成立"爱心学堂""汉学堂""国粹堂"等文化阵地，搭建新时代文明实践重要平台。二是建立特色基地。结合新时代文明实践站建设，完善基础设施配套，建成占地100平方米的科普教育馆，场馆面向小区及社区所有居民免费开放，让他们"零距离"体验科技魅力，启迪科学智慧。三是丰富实践载体。西涧二村业委会、龙池花园小区物业企业联合社区，精心设计富有特色、符合辖区居民特点的活动载体，开展"劳动美"社会实践、"阳光成长"心理健康教育、"感恩老师、感恩社会、关爱长辈"等感恩教育活动，依托传统节日开展过年习俗礼仪等文明礼仪教育活动，打造"千年丰乐、文化龙池"的文化实践品牌。

▲ 改造前的小区入口

▲ 改造后的小区入口

▲ 改造前的小区环境

▶ 改造后的小区环境

▲ 第三届龙池社区百家宴

▲ 龙池社区汉学堂腊八节主题活动暨微心愿认领

三、推进新时代文明实践活动，致力打造"精神家园"

积极打造党建引领"社区＋社会组织＋社工＋社区志愿者"服务模式，整合利用各类资源，提升小区治理水平，构建共建共治共享的社会治理新格局。一是集聚爱心力量。立足居民需求，精心打造以映山红、康乃馨等花色命名的"六色花"志愿服务队，各类特色志愿活动开展得如火如荼。映山红志愿服务队聚焦党员志愿服务，采取"一对一"结对扶助的方式，入户走访慰问空巢老人等困难群体200余人次，为困难群体送去物资800多件、慰问金1.1万元。二是丰富文化活动。自2018年以来，联合滁州市餐饮协会连续举办三届"百家宴"，紧扣"团聚、交流、祝福"主题，邀请辖区留守儿童、孤寡老人等在元宵节前夕参加民俗运动会、猜灯谜、厨艺比拼等群众喜闻乐见的活动。三是激发文明活力。改造后的老旧小区成立社会组织党组织孵化器，启动党建"火炬手"计划，募集资金34万元，建立孵化基地，吸引"1054"救援队（原蓝天救援队）、阳光社工中心等本地知名社会组织纷纷入驻，陆续培育睦邻社工中心、坚果科技服务中心等多家社区社会组织，并引导他们积极参与志愿服务，帮扶慰问下岗职工、留守老人、留守儿童等困难群体。通过整合更多优秀的社会组织资源，真正做到"党建引领、社区自治、社会组织参与"互助共享的志愿服务格局。

改造后，小区面貌翻天覆地。龙池花园、西涧二村等老旧小区增加停车位116个、充电桩220个，划停车线4000余米，新增绿化面积890多平方米、修缮及新增上下水管网4000余米、新增太阳能路灯40余个、楼道灯129个，新增文体活动广场3000多平方米、室内文化活动场所 500 余平方米，真正实现了"灯亮、路平、管线齐、下水畅、环境美"。群众满意度显著提升。"现在小区与以往比真是大变模样，住着舒心。"5 月 26 日，面对《滁州直击》栏目记者的采访，西涧二村业主刘女士高兴地说。"眼看着自己居住的小区环境面貌一天天变好，我真的有说不出的喜悦。就比如安装充电桩，事虽小，但体现了居委会和物业以人为本，为民办实事的责任及工作态度，我给他们点赞。"家住西涧一村的张先生也表达着自己的满意。居民文明素质明显提高。正因为对老旧小区改造及后续管理的满意，更多居民对居住环境更加爱惜，自觉遵守公共秩序。如今车辆停放无序、毁绿种菜、垃圾乱扔、随地吐痰、不文明养犬等行为已得到显著改善，群众的文明素质得到了显著提升。

党建引领 治管并举
加快推进城镇老旧小区改造
——以北京花园老旧小区改造为例

湖北省宜昌市文明办

北京花园小区位于湖北省宜昌市西陵区西陵二路33号，小区整体建成于2000年，共3栋9个单元，涉及居民136户410人。改造前，小区年久失修、设施陈旧、管理薄弱，小区内乱搭乱建、圈地种菜、杂草丛生、停车混乱，老年人上下楼难，居民改造意愿强烈。2018年，北京花园小区被纳入城区老旧小区改造项目库，按照"住建指导、街道实施、社区组织、居民参与"的体系运作，探索推行"党建引领＋共同缔造＋治管并举"模式。2019年9月，北京花园小区改造完工，投资160余万元，改造内容包括违建拆除、大门翻新、道路硬化黑化、增设停车位、安装监控及智能道闸、雨污分流改造、绿化美化、单元楼加装电梯等，同时还新增建设小区食堂、业委会办公室，小区居住环境实现大变样，实现小区"美颜、提质"。

一、党建引领筑基

老旧小区改造深入居民房前屋后，与老百姓生活息息相关。由于产权主体多元、收入条件各异、各自诉求不同，如年轻有车族希望尽量增加停车位、老年人则希望最大限度地保留绿化；还涉及树挪不挪、电梯装不装、请不请物业等问题。居民意见怎么统一？改什么？怎么改？怎么管？面对这些问题，市区两级住建部门积极借鉴试点小区及西陵区党建主导型业委会建设经验，将党建引领的思路引入北京花园小区。2018 年 1 月，北京花园小区党支部成立。在小区党支部带领下，组织居民实地参观嘉明花园小区，并同步开展"改造前问效于民、改造中问计于民、改造后问效于民"，得到了小区居民的广泛支持。2018 年 7 月，小区改造方案公示通过；2018 年 10 月，北京花园小区正式进场施工。

二、共同缔造聚力

北京花园小区曾利用住宅维修基金及辖区单位共建经费，通过微改造的形式，对小区道路进行硬化及对绿化进行了改善，但是由于群众发动不充分、改造成果未得到有效保持。本次正式启动改造以来，市区两级住建部门坚决摒弃"把老旧小区改造视作单纯工程改造"的做法，会同街道、社区广泛宣传小区改造"'五共'工作法"，依靠社区充分发动群众，让居民当"主角"，实现"决策共谋、发展共建、建设共管、效果共评、成效共享"。北京花园小区通过近 3 周时间，走访居民 130 户，收集改造意见 200 余条，入户率 96%；发动居民自主拆违 200 余平方米，地面违建拆除率 100%；发动居民自筹资金92.5 万元（居民捐资 6.5 万元、居民出资加装两部电梯 86 万元），出资率 95%。同时，还整合辖区资源开展共建，争取辖区共建单位落

党建引领　治管并举　加快推进城镇老旧小区改造

▲ 楼牌改造前

◀ 楼牌改造后

▲ 小区停车场改造前

◀ 小区停车场改造后

▲ 墙面改造前

▶ 墙面改造后

▲ 小区加装电梯改造前

▲ 小区加装电梯改造后

实共建资金 10 万元，受到居民交口称赞。

三、治管并举固本

老旧小区"改"是手段，"治"是目的。通过一年多的改造，北京花园小区实现大变样，吸引了华安乐园、叉车厂宿舍等一批居民自发前来参观学习。2020 年 5 月，市区两级住建部门积极指导小区业主选择物业管理模式，目前已引入杰出物业公司对小区进行管理，物业收费标准为 0.5 元 / 平方米、停车位收费标准为 1500 元 / 年，目前物业费收缴率 100%、停车费收缴率 100%。同时，充分挖掘小区文化底蕴，以"孝老爱亲"为主题，建立"传统文化园"，打造新二十四孝、家风家训主题文化墙，带动居民养成良好家风。开展中秋邻里文化节、垃圾分类宣传等活动，复兴小区活力，推动邻里守望相助。在疫情防控期间，业委会、物业公司扎牢"第一道防线"，居民积极配合，小区无一例疑似、确诊病例。

凝心聚力齐创建　百年老街展新颜

——以居仁坊社区为例

海南省海口市文明办

居仁坊社区成立于 1954 年，辖区面积 0.26 平方公里，人口 2150 人，是海南省海口老城主要街区之一。居仁坊社区由党支部、居委会和社区工作站共同管理。辖区管理机构健全，社区功能齐备，拥有人民调解、治安保卫、公共卫生、妇幼保健、计划生育、关工委、残疾人协会等服务机构，开设民政救助、劳动保障、计划生育、市民学校、人口学校、未成年人教育中心等服务窗口。多年来，获得全国文明单位、五星级基层党组织等多项荣誉。

居仁坊社区原来基础设施很差，灯不亮，路坑洼，环境卫生脏乱差现象严重，居民群众苦不堪言，以海口市开展创建全国文明城市为契机，打响了一场声势浩大的环境整治和背街小巷的升级改造工作。

一、宣传发动，营造创建氛围

实行责任制，把任务层层分解，将街道挂点干部、包点单位、社区干部分组包路段、包户数，每组负责到各家各户、各驻区单位和商铺，宣传创建全国文明城市知识，发放宣传资料，将《给市民的一封信》《创建全国文明城市知识手册》等发到每一户居民手中，使每位居民都了解全国文明城市创建，不断提高居民创建全国文明城市知晓率，带动居民积极主动地参与创建全国文明城市工作。同时，还注重开展多种形式的宣传教育活动，出版专栏，举办创建全国文明城市知识抢答文艺晚会，组织商铺业主、企业、单位、居民代表共 400 多人举行创建全国文明城市誓师大会，使创建全国文明城市深入人心。

二、抓环境整治，打造美化家园

一是组织退休党员、干部和青少年志愿者队伍，每天义务巡查在小街小巷，捡烟头、扫垃圾，清理卫生死角，使"四害"无藏身地。二是改造花池，补种花草，增添绿化。三是改造小街道路，辖区全部街巷都铺上了平坦的青板石砖，方便居民的出行。四是对破旧的断垣残壁立面进行改造，美化了街巷环境。五是对全部街巷地下水沟进行清理疏通，消灭病媒生物的滋生地。六是建设三个门牌坊，安上节能景观电灯，晚上出门更安全了。七是购置一批休闲椅，让居民在自家门口就能享受家常休闲。

三、抓环境管理，实现长效常态

通过举办"门前三包"培训班，聘请市政、市容委的专家为居民、店铺业主授课，与商铺签订"门前三包责任书"。为使商铺业主自觉履行"门前三包责任"，我们组织包点单位、街道、社区干部及志愿者队伍每天进行巡查。在驻区单位和较大的商铺建立"三员"（宣传员、巡查员、监督员）队伍，对违反"门前三包"的商铺拍照取证，建立"一店一档"，及时反馈中山城管中队严管重罚。定期组织卫生评比活动，先进单位、卫生家庭授予"卫生流动红旗"。

四、抓教育活动，培育文明风尚

组织举办"文明礼仪培训班""健康教育培训班""道德教育培训班"等，通过多种形式的培训教育，提高居民的文化素养。利用广场文化，组织社区单位、学校、企业、居民开展文体活动，开办道德讲堂、举办文艺晚会、现场书画等活动，让居民受到浓厚的文明气息熏陶，形成社区文明新风尚。社区问题一个一个逐步得到解决，社区环境面貌焕然一新。从过去的脏乱差社区变成了环境整洁优美的文明和谐社区。先后完成了社区背街小巷的绿化、美化、硬化、文化工程，改变了背街小巷脏乱差的旧貌，还广大居民一个整洁、明亮清新的生活环境。

五、抓民生，建载体

居仁坊社区属老城区，老年人多，协调文体局在辖区闲置地安装了休闲椅、健身器材，建起了文化长廊，将二十四孝、唐诗宋词、成语故事等以图文并茂的形式雕画在社区小巷的墙壁、活动广场等公共场所，为社区居民营造了浓郁的传统文化氛围。组织居民参加声乐、舞蹈、科普游园等活动，丰富了他们的文化生活，邻里关系更和谐，他们都说"生活在居仁坊社区真幸福"。

▲ 新华南路口改造前

◀ 新华南路口改造后

▲ 居仁坊文体广场改造前

◀ 居仁坊文体广场改造后

▲ 居仁坊 14 号旧貌

▶ 居仁坊 14 号新貌

▲ 居仁坊 73 号旧貌

▶ 居仁坊 73 号新貌

六、抓治安，促平安

　　辖区地处闹市区、人口密集，人员流动大，过去常常有小偷小摸现象发生，不少居民怨声载道。经过多方宣传发动，社区在辖区安装了全覆盖监控系统，并成立了义务治安巡逻队、党员义务巡逻队，由退休老人、居民志愿者组成，昼夜在辖区义务巡逻，及时提供治安信息和化解各种矛盾纠纷，做到小事不出街巷，大事不出社区。

安居一方地　共建一个家

云南省曲靖市文明办

云南省曲靖市按照"组织建立起来、活动开展起来、群众发动起来、闲置资源利用起来、老旧小区靓起来"的思路，摸索出了一套"党建引领、政府主导、群众参与、自治管理"的老旧小区治理模式，小区变美了，居民的获得感、幸福感、归属感也得到大幅提升。

一、抓党建引领，促基础强起来

工作中，我们充分发挥基层党组织的领导核心和党员的先锋模范作用，按照"将党支部建到居民小区"的要求，在具备条件的居民小区建立党支部，不具备建立党支部条件的小区，则组织居民依法成立自管委员会或业主委员会，履行小区管理职能职责。自从有了党支部、自管委员会、业主委员会，居民就有了主心骨。同时，积极推行领导干部包保老旧小区制度，每个老旧小区均明确一名区级领导、一个区直单位、一名街道干部、一名社区干部包保，细化包保任务，压实包保责任。在包保领导和小区党支部的带领下，党员带头对小区臭水沟、下水道、无人理会的卫生死角进行清扫保洁。党员的辛勤劳动，群众看在眼里、记在心里，也纷纷加入小区改造提升工作中，共同建设美丽、宜居的居住小区。

二、抓项目整合，把资源用起来

工作中，我们在充分走访小区居民、广泛听取居民意见后拟定小区改造提升方案。针对老旧小区改造缺资金、缺项目的实际，按照"政府出一点、挂包单位出一点、小区居民筹一点、爱心人士捐一点"的办法，积极整合项目资金，从居民最关心、最迫切的事入手，通过实实在在的改造效果赢得市民的支持和参与。2018 年以来，全市整治提升老旧小区 744 个。2020 年以来，全市持续推进 263 个老旧（安置）小区、5 个棚户区（城中村）改造提升工程。同时，按照"一小区一特色"的思路，积极整合小区现有资源，把体现小区居民生活、情感和价值的共同文化挖掘出来，通过文化长廊、记忆墙、展览馆等载体复原小区的道德风尚、历史轶事、人物事迹，凸显小区文化特色，唤醒小区居民的共同记忆。比如，马龙区老供销社小区的"供销文化"系列广告，每一块都融入了供销社人的情怀，上面的诗词都是由退休同志、老党员撰写的，他们把对供销事业的真情融入到每一块公益广告中；沾益总站生活小区结合实际制作"光辉岁月·幸福生活"文化长廊，通过回顾总站发展历程，忆当年青春激情岁月，让小区居民找回了"乡愁"。

三、抓活动开展，带市民动起来

完善小区《居规民约》《文明公约》等管理制度，依托新时代文明实践站（点）、党员活动室、红色驿站等载体，广泛开展"我为小区捐本书、小区还我一书屋""我为小区美次容，小区添我一身彩""我陪老人一小时，老人送我一天乐""我为小区添点绿，小区还我一片荫""我为小区动动手，小区还我健康身""我为小区守一夜，小区为我守一年"等主题文化活动，及时传播党的方针政策，培育和践行社会主义核心价值观，以小区文化活动凝聚人心。比如，沾益区引导各小区长、楼栋长牵头成立各类文化协会，组织开展各类丰富多彩的文化活动，促进居民文明习惯的养成；马龙区老百货公司小区、老供销社小区积极开展"我为小区添点绿，小区还我一片荫"活动，由小区居民亲自制作木花架，党员带头捐赠花、草，不仅美化了小区环境，更凝聚了民心、促进了邻里和谐。

四、抓共建共享，让小区靓起来

推行网格化管理模式，建立"组织联建，引领共治；事务联议，问题共商；阵地联用，空间共享；活动联办，资金共筹"的"四联四共"长效管理机制。整合各类资源下沉到小区，精准对接居民需求，帮助解决居民的烦心事、闹心事，努力增强居民的归属感、认同感。比如，沾益区在老旧小区中开展星级文明小区创建，对创建为五星级文明小区、四星级文明小区、三星级文明小区的分别给予5000元、4000元、3000元奖励；马龙区把"有事好商量"的理念融入到老旧小区管理中，引导政协委员积极参与老旧小区议事协商活动，通过议事协商会的方式引导社区与小区居民在物业管理、改水改电、垃圾清理、车辆停放等小区事务上达成共识，推进小区改造提升。

▲ 马龙区老供销社老旧小区改造前

▲ 马龙区老供销社老旧小区改造后

▲ 马龙区老供销社老旧小区改造前的居民乱搭乱建的柴棚房

▶ 马龙区老供销社老旧小区改造后环境提升

▲ 柴油机厂生活区

▶ 柴油机厂生活区

治理工作中，我们得到四点启示：

第一，支部建设是核心。党支部是党的全部工作和战斗力的基础。我们深深体会到：党支部就是老旧小区改造的"火车头"，只有建好建强党支部，才能把党员和市民凝聚在一起，把大家的智慧和力量充分激发出来，确保老旧小区改造顺利推进、取得实效。

第二，党员带头是抓手。在老旧小区改造中，注重发挥党员的先锋模范作用，通过党员带头、居民参与的方式，凝聚起推进老旧小区改造的强大合力和智慧，取得"小改造、大惠民"的良好效果。

第三，居民参与是关键。要把老旧小区改造成美丽宜居、舒心舒适的地方，就得充分尊重民意，让小区居民唱主角。在老旧小区改造中，各小区党支部、自管委员会、业主委员会多次入户征求群众意见，问计于民，问需于民，形成了居民认可的老旧小区改造方案，使老旧小区改造顺民意、得民心。

第四，共建共享是出路。引导居民共建共享小区改造成果才是老旧小区改造提升和精细化管理的出路。为此，各老旧小区坚持走"组织联建、事务联议、阵地联用、活动联办"的共建共管共享之路，让党员在服务群众中密切了党群干群关系，让居民在参与改造中增强了获得感、幸福感、归属感。

打造老旧小区治理"提升版"

甘肃省嘉峪关市文明办

　　嘉峪关市辖 31 个城市社区共有小区 219 个，无物业小区 52 个，出租大院 321 个，针对老旧小区多，基础设施薄弱等创建文明城市的难点问题，全市认真贯彻落实关于创建全国文明城市工作的各项要求，深入开展创建工作。特别是在老旧小区创建工作中，各街道严格执行领导班子成员联系社区工作制度，结合分管工作，每人分包多个小区，一包到底，全程参与全国文明城市创建、全域无垃圾专项治理、老旧小区文明创建等工作，以打造小区综合治理"提升版"为载体，全面巩固全国文明城市创建成果。

一、完善小区基础设施，提升居民幸福指数

　　各社区对老旧小区内基础设施进行全面摸底，对各类设施进行日常巡查，发现道路破损、私搭乱建、公共卫生间指示牌设置不达标等线索及时上报市住建局，配合开展基础设施完善整治行动，以达到"美化、绿化、硬化、亮化"的"四化"目标。目前协调相关部门维修门禁系统 621 处，修缮破损地面 132 处，修理小区路灯 470 盏，栽种树木 3019 棵，规划体育健身路径 72 处，划定小区停车位 1753 个，

▲ 嘉峪关市老旧小区改造前——单元门脏、乱贴乱画现象严重

▲ 嘉峪关市老旧小区改造后——单元门焕然一新、干净整洁

▲ 嘉峪关市老旧小区公益广告提质前

▲ 嘉峪关市老旧小区公益广告提质后

维修下水管道 252 处 863 米。同时继续对外墙保温、防水、门禁系统、监控系统、管道改造等涉及 14 个社区 800 余楼栋设施项目进行汇总，申请纳入相关部门的《2021 年中央补助支持城镇老旧小区改造计划项目台账》。

二、打造特色居民小区，美化城市人居环境

在推动环境面貌"面上"洁净焕颜的基础上，根据各社区实际、人文特色，开展"最美小区（大院）""特色楼栋"创建活动，打造了 21 个"最美小区（大院）"、35 个"特色楼栋"，强力助推人居环境治理"点上"开花。如在祁连社区打造了"绿色家园、幸福华都"温馨家园，在友谊社区打造长宾特色居民小区，在嘉北社区打造了八冶铁军"美丽大院"，在福民社区搭建了戏曲文化长廊，在雄关社区远东华府打造了"不忘初心"文化广场，在绿化社区打造了"乡愁如影随形"特色楼栋等，一批精而特、净而美、悠而乐的精细化治理特色样板竞相涌现。

三、提质提标公益广告，营造浓厚文明氛围

各社区全面开展自查整改，围绕"社会主义核心价值观""讲文明树新风""创建全国文明城市""未成年人思想道德建设"等内容，对老旧小区内褪色、陈旧、破损的公益广告及宣传展板进行更换。同时，对照测评体系新增内容，设计制作了一批以"文明健康　有你有我""爱国卫生运动"为主题的公益广告，主题突出、精致精美。在

经费紧张的情况下，积极对接物业公司，在互帮互助、资源共享的合作环境中，共同为公益广告提质行动出一份力。

四、加强党建引领示范，合力助推创城行动

街道社区分别吸纳"互联共转"单位的党组织负责同志"兼职委员"，辖区各单位、企业及各领域党组织根据资源优势积极认领社区"微项目"需求清单，切实形成"微治理"合力，统筹解决小区物业、环境整治等民生需求，逐步形成"一核多元"的社区治理新模式；各小区充分发挥业主委员会、物业企业、楼栋长、志愿者及居民群众作用，征集居民群众"微心愿"，引导各居民小区、楼栋及时建立微信群，通过楼栋长广泛征集居民群众对居住环境的意见建议，有效激发群众参与热情，推动居民自治意识日渐深入人心，特别是在"特色楼栋"制作公布便民电话，大力推行"三亮"活动，推动党员、楼栋长、网格员等亮身份、亮职责、亮承诺，通过有效引导辖区"互联共转"单位、党员干部、志愿者、"楼栋长"、网格员等为居民群众提供更加精准便捷的"微服务"，架起了党群干群关系的"连心桥"。

落实长效机制　巩固创建成果

——以草原总站家属院为例

青海省西宁市文明办

　　草原总站家属院位于青海省西宁市城西区胜利路71—75号，始建于20世纪70—80年代，小区内有9栋楼、住户493户，小区占地面积为18152.44平方米。由于建成已久，原本楼院的配套设施已经完全不能满足居民目前所需，楼院管理也存在诸多问题，给楼院居民造成了许多不便。为深入贯彻落实"一优两高"战略部署，奋力打造绿色发展样板城市、建设幸福西区，城西区从实际出发，抓住国家支持棚户区改造的良好机遇，从2016年开始对草原总站家属院进行棚户区改造。

一、棚改整治多管齐下，人居环境显著提升

　　2016年，城西区借助国家棚户区改造综合整治项目的契机，对草原总站家属院进行全面改造，内容主要包括外墙节能保温、外墙面粉饰、节能环保窗户更换、屋面保温防水改造及一些附属设施改造，同时对75号楼体住户自行扩建的阳台、小区内所有煤房、车库全部予以拆除，将拆除面积全部改造为公共区域。从楼体立面向地下区域进行延伸，对该老旧小区进行基础设施改造。通过修缮破旧道

路、提升绿化景观品质，完善休闲广场、健身器材，规范停车位，增设垃圾处理设施等配套设施，打造路平、水畅、灯亮的全新小区。实现"安全有防范、绿化有维护、卫生有保洁、车辆有管理"的"四有"目标，推动老旧小区自我服务管理规范化。

二、做好宣传引导，广泛动员创建力量

在文明城市创建过程中，因地制宜将小区空白墙体，制成以社会主义核心价值观为主线的文化墙，在小区出入口显著位置以公益广告的形式展示市民公约和社会主义核心价值观，将文明行为和文明养犬条例等以音频的形式在北苑小区黄金时段滚动播放，做到宣传全覆盖。在保证文化墙和显著位置及小区围栏刊播公益广告之余，围绕文明出行、文明餐桌、健康生活、垃圾分类、文明养犬等主题，通过不定期入户、开展各类活动、悬挂横幅和小区老人聊天等方式进行宣传，以一位居民带动一个家庭，一个家庭带动一个单元，一个单元带动一栋楼，一栋楼带动整个楼院，全面提升全民参与文明创建氛围。

三、增加清扫频次，优化居民生活环境

加强对楼院物业的监管，加大楼院环境卫生整治，优化小区环境，提升居民生活质量，对小区楼院垃圾做到日产日清，不留卫生死角，对楼院的装修垃圾勤督促勤清运，定期清洗垃圾桶，深入开展环境卫生整治、美化家园、垃圾分类等主题实践活动。发动广大市民从改变自家及小区环境做起，推动广大居民由"要我参与"向"我要参

▲ 青海省草原总站家属院改造前

▲ 青海省草原总站家属院改造后

▲ 小区楼体改造前

▲ 小区楼体改造后

与"转变，营造了共建共享的良好氛围，自文明城市创建以来，小区的文化氛围和环境卫生得到了全面的改善和提升。

四、提升为民服务，发扬志愿服务精神

实施区域共治共建共享，社区和楼院物业公司充分发挥楼院楼长和网格员作用，做好网格化管理。推动日常环境卫生巡逻和小区治理工作常态化，积极调动组织各类志愿者在楼院里开展各类志愿服务活动，利用每月"创建日"、每周"创城日"让辖区的文明单位参与到文明城市创建工作中来，发挥文明单位的模范带头作用，带动小区居民群众参与小区治理和文明城市创建。

五、巩固创建成果，建立长效创建机制

为切实巩固创建工作成果，建立制度化、常态化、长效化的文明城市创建工作机制，建立以社区党委为引领，各物业单位为成员的组织领导机构，健全社区和物业联席会议制度。社区不断深化对创城工作的组织、协调和指导，在各楼院设置网格员，各楼栋设置楼栋长，让网格员和楼栋长成为社区和物业之间沟通的纽带，在社区内形成了创城共建共享机制。社区和物业聚焦民生、重视民意、汇集民力，广泛征求群众意见建议，调动和激发群众参与创建的动力，创建活动接地气，社区居民也从身边的小事做起，自觉参与创建活动，形成了全员参与文明城市创建的良好氛围。

多策发力提升老旧小区人居环境品质

宁夏回族自治区银川市文明办

天成小区建成于 1998 年，建筑面积 4 万平方米，共有 10 栋楼，42 个单元，460 户。改造前，墙皮脱落、屋顶漏雨、路面破损、上下水及暖气管道锈烂、院落破旧不堪、冬天屋内寒冷等问题给群众的生活造成极大影响。2019 年，天成小区被列入兴庆区政府老旧小区改造计划，投资 2000 万元实施既有居住建筑节能改造工程项目。2020 年，政府继续把天成小区列入提升改造项目，对小区雨污水管网、道路车位、绿化亮化等进行了全面改造。在实践中，天成小区不仅在加装楼体保温层等硬件改造上下功夫，还在智能管理等软件服务上找创新，着力提高改造效益，走出了一条老旧小区提升居住品质的新路。

一、硬件改造

（一）深入调研，问需于民。本着居民急需整治改造什么就整治改造什么、哪些问题突出就先解决哪些问题、哪些问题影响居民生活就先解决什么问题的工作思路，街道组织人员对天成小区进行了全面摸底调查，将小区的人文特点、突出问题和居民的改造需求作为方案制定与完善的基础，在项目立项、施工建设、效果评价的全过程引导居民积极参与。制定年度改造计划，编制改造方案，将改造方案进行公示，动员居民群众积极出谋划策，不断完善改造方案。结合宁夏回族自治区、银川市关于老旧小区改造的政策要求，切实做到一个小区一个改造方案，既对硬件设施修补提升，又对软件问题完善解决。

（二）多方协同，共创美好。本着美好环境共同缔造的理念，积极对接水、电、气、暖、通信等部门，动员各运营企业出资参与老旧小区改造，提高改造标准和整治效果。目前，中铁水务、电信、广电、华电等企业和单位均出资参与老旧小区改造项目。积极动员社区居民参与老旧小区改造，担任义务监督员，对小区施工质量、安全、文明进行监督。

（三）加强管理，确保质量。进一步加强老旧小区改造工程质量安全管理，切实将老旧小区改造工程打造成群众满意的民心工程、放心工程。委托有资质的项目管理公司，对改造项目施工阶段全过程监督管理，即招投标管理、合同管理、勘查、设计、施工、监理等各参建单位统一协调管理，项目实施阶段管理，工程项目收尾管理，同时进行施工阶段全过程造价跟踪审计。制定老旧小区改造管理考核细则，按照周通报、旬考评、月调度的方式落实管理机制，使老旧小区改造项目保质、保量、按期完成。

二、软件提升

（一）组织有力，联动高效。一是将党组织向小区延伸。组织30余名党员和居民代表组建改造反馈小组，以楼单元为组，负责信息宣传、人员调度、施工协调等工作。开展居民意愿摸查，统计路灯、绿化、停车位、消防通道、健身器材等基础设施情况，形成小区数据本。二是充分发挥"在职党员到社区报到"机制和直管党员模范带头作用。由党员小组联合社区党委与居民充分沟通，施工现场谈、入户坐下谈，针对小区流动人口多、业主难找的情况进行大量的电话协商，定期组织居民开展座谈、议事会、联席会，发挥居民主体作用，宣传改造进度、收集反馈意见、确定协调清单，积极协调解决拆除防护栏、私搭乱建、室内上下水管改造及天然气抄表箱破旧等问题，尽快解决影响施工进度的困难问题，有效减小施工对居民、商户的生活经营造成的影响，以党组织体系畅通引领民意协商，引导居民在参与和配合中培养归属感、责任感和共建意识。

（二）数据整合，服务精准。街道从疫情防控期间数据获取利用中吸取经验，探索推进以信息化为引领的智慧社区服务治理体系建设，聚焦小区管理设施在智能化、网络化、配套连接和利用效率上的改进空间，通过学习观摩、借鉴推进平安智慧小区建设。采用智能人脸识别门禁、智能停车场等系统，为小区管理提供精准高效的数据采集，有效管控人员和车辆的通行。业主通过手机端操作完成一键开门，远程为访客开门以及云端物业缴费，实现门禁、业主、手机、物业管理的一体化联网。居民可通过 APP 查看商业服务内容，在线选择社区便捷服务，可组织、发布、参与社区活动，增强邻里互动，享受"全响应"智慧状态，使物业管理更高效，居民的生活更便捷，推动服务网络和管理网格同步，支撑建设智慧社区服务体系。

（三）人文关怀，文明共建。注入人文特色，让老旧小区改造建

▲ 天成小区 6 号楼和 7 号楼之间改造前

▲ 天成小区 6 号楼和 7 号楼之间改造后的文化休闲小广场

▲ 天成小区 2 号楼前改造前

▲ 天成小区 2 号楼前改造后

▲ 改造前的小区环境

▲ 改造后的小区环境

▲ 改造前的小区楼房

▲ 改造后的小区楼房

设不止步于环境品质的提升。一是街道以天成小区党支部建设为核心，以多样化渠道建立多主体参与的响应体系，激发居民参与公共环境、公共事务的积极性，提升小区自治水平。二是打造楼栋党建文化，社区计划围绕每个单元门建设党建内容宣传点，凸显党的标志、党的光辉形象，定期更新展示党的最新政策方针和决议宣传画，宣传党员先进性，使党建文化融入百姓生活。三是成立小区监督小组，开展设施排查、纠纷协调、物业管理效果评价等工作，对小区事务进行动态管理。将天成小区附近的商户纳入"15分钟社区生活圈"便民服务框架，服务内容包括诚信经营、规范经营、文明经营、便民服务等，在15分钟步行范围内，为百姓提供一站式服务。四是成立小区志愿服务队，由10余名党员、青年和居民组成，开展文明督导、传递邻里温情，形成自发组织志愿服务活动的常态机制，在家门口开展文明实践活动。通过小区党支部和志愿服务，激发居民在小区自治和环境维护中获得认同感，形成科学管理、人文关怀和现代服务三者相结合的家园建设。

三、改造成效

走进改造后的兴庆区文化街天成小区，平坦的方砖路面，修缮一新的楼体墙面，崭新通明的路灯，处处可见的文明标语，20米长的休闲连廊，15分钟步行社区生活圈，让群众生活、工作得更舒心、更便捷。小区居民群众的操心事、烦心事、揪心事得到了有效解决，群众的获得感、幸福度和满意度大大提升。提升改造后的天成小区，拓展了公共服务空间，满足了市民居住体验、生活感知、文明遵守、公共参与、人文关怀等各方面需求，这也是老旧小区改造的发力点。天成小区改造项目中，利民惠民的温度、治理服务的深度、文明浸润的厚度，在带领群众建设美好家园的一举一措中得到充分体现。

四　农贸市场篇

整治农贸市场　做实"菜篮子"工程

山西省太原市文明办

太原市在第六届全国文明城市创建中，将农贸市场的整治改造作为一项为民利民惠民的民心工程重点推进，截至目前已完成 81 个农贸市场的整治，市民群众的购物环境大为改善。这里以太原市尖草坪区吉祥农贸市场的整治为例，介绍太原市的农贸市场点位整治经验。

一、基本情况

吉祥农贸市场位于太原市尖草坪区汇丰片区的核心地区大东流村，东临滨河西路，西靠和平北路，南靠兴华街，北临北中环街，交通便利，占地面积 1700 平方米，辐射周边 8 个社区、近 6 万群众。该市场内有摊位 135 个，经营户 52 户。自 2013 年开业以来，经过多年的运营，给周边居民的生活带来了便利，带动当地经济发展。

但该市场存在的问题也不少：通行通道露天，排水不畅，下雨天道路积水，雨水、污水不分流；消防设施不能满足要求，存在安全隐患；没有配备足够的停车位，周边乱停车现象严重；电线、管线不规范及门头老旧；等等。

二、具体做法

太原市 2018 年启动了创建全国文明城市"九乱"整治，农贸市场乱象整治排名第三，由市委副书记包联领办。按照市创城指挥部的要求部署，成立了汇丰片区指挥部，由副区长担任指挥长，协调多部门联动，大兵团作战，调动市场开办者主动承担责任，投入人力财力，高标准整治农贸市场。

（一）示范先行，总结复制推广。以成规模的农贸市场整治为示范，结合实际，严格按照创城标准高标准、高质量打造一批样板，并总结可复制、易推广的整治改造和管理经验，让全市农贸市场都可以学习和复制好的做法。

（二）创新宣传，增添文化品位。将社会主义核心价值观融入农贸市场行业规范中；设立红黑榜督促经营户诚信经营；评选宣传道德模范、时代楷模，弘扬社会正能量。通过分发宣传手册，悬挂标语、条幅、板面、公益广告，利用 LED 屏循环播放创城标语等形式加大宣传力度，营造经营户诚信经营、群众文明守礼的浓厚氛围。

（三）规范秩序，确保井然有序。按照"坐商归店、商品归区、车辆归位、广告归栏、垃圾归桶"的总体目标，推进"六个起来"，即出口畅起来、通道让出来、摊位规范起来、摊前摊上摊下卫生包起来、地面净起来、垃圾装起来。通过加强管理，确保无乱停放、无占道经营，无乱披乱挂、无乱搭乱建、无乱堆乱放，无"伸舌头"经营现象。

（四）全时保洁，面貌焕然一新。投入资金把坑洼的水泥地面，铺设成防滑地砖，符合易吸水、防滑、易清扫的要求。市场安排专人负责全时保洁，确保全天候干净整洁。把摊位的柜台统一定制成不锈

▲ 吉祥农贸市场内改造前

◀ 吉祥农贸市场内改造后

▲ 吉祥农贸市场内改造前的墙体情况

◀ 吉祥农贸市场内改造后的墙体情况

▲ 吉祥农贸市场内改造前的顶棚情况

▶ 吉祥农贸市场内改造后的顶棚情况

▲ 吉祥农贸市场内改造前的摊位情况

▶ 吉祥农贸市场内改造后的摊位情况

钢柜台，统一添加"菜筐"，统一采购冷藏柜。把市场内及周边墙体全部粉刷，临街门面墙体全部粉刷，临街商铺广告牌整改装饰，有效提升了市场形象，优化了营商环境。

（五）完善设施，更加安全便民。对管线进行改造，电线全部穿管，与自来水公司协调引进消防用水，重新布置消防管道及设施设备，保障消防安全。协调交警部门在市场外围划定标准停车线，规范车辆停放秩序。公共卫生间改造成标准式，配置无障碍设施。设置投诉举报站，服务处理群众投诉举报事项。设置检测农药残留的检验室，并有专人负责。

（六）规范经营，净化消费环境。严格落实市场"两亮""两无"，做到亮照经营，证照齐全，健全投诉机制，公示投诉电话，有投诉处理记录。评选出诚信经营户、共产党员经营户等先进引领经营户诚信经营，秤上彰显公平，食品安全显现良心。完善市场开办方、监管人员姓名、电话、照片、经营户健康证明公示内容，接受群众监督。

（七）常抓不懈，形成长效机制。相关管理部门采取定期与不定期相结合、明察与暗访相结合的方式进行督查检查，促进市场建立完善长效常态管理机制，更加精细规范管理，保持创建不松劲。

（八）政府引导，强化组织协调。市、区两级高度重视，专门设立片区指挥部、坚持日调度、一线工作法，协调相关部门推进市场整治任务。同时，抓住市场开办方这一重要环节，组织市场开办方及经营户召开动员大会，并向与会单位负责人详细讲解了各类主体达标分解表，做到家喻户晓，人人皆知。此外，组建志愿者服务队，现场劝诫不文明行为，动手扫垃圾、捡烟头、除痰迹，用实际行动影响和带动更多的人做文明精神的倡导者、践行者。

延吉西市场的"四新"升级

吉林省延吉市文明办

延吉西市场始建于 20 世纪 80 年代，建成伊始即成为全市地标建筑，是全州最大的集商贸零售批发、农副产品交易、大宗商品销售于一体的综合集贸市场，见证了延吉商业发展和城市繁荣历程。作为边疆旅游名城窗口单位，西市场已成为延吉商业旅游的金字名牌。迈入新时代，延吉西市场实现华丽升级，迸发出强劲活力，展现了延吉市商业文明进步的新形象。先后荣获"中国 AAAA 级文明诚信市场——全国名牌市场""全国诚信经营示范单位"，连续四次荣膺"全国文明农贸（集贸）市场"。

一、找准发力点，顺民心承民意，升级惠民工程新环境

作为边疆民族地区首府城市，经济社会稳定关系全局。延吉市谋高远，顺民意，将西市场改扩建项目作为提升边疆少数民族地区经济竞争力，巩固边疆社会和谐稳定的重要举措，列入全市惠民实事"头号"工程。全市克服财政压力大、设计要求高、入驻商家多、社会需求急等诸多困难，投入资金 5.6 亿元，3 年时间完成建设和运营。西市场实现华丽升级，地上 12 层商业区、地下 3 层停车场，建筑面积

▲ 延吉市西市场内改造前

▲ 延吉市西市场内改造后

▲ 延吉市西市场外改造前

▲ 延吉市西市场外改造后

11.8 万平方米，外观时尚、布局合理、内设先进，排水、消防、质检及垃圾集中收处等设施俱全，为市民及商户提供了整洁、舒适的购物和营商环境。西市场入驻商户达 4000 余家，从业人员达 9000 余人，占全市集贸经济比重的近 40%，一跃成为全国一星级标准化综合性集贸市场和全省最大的新型民俗大宗商品交易中心。

二、站稳立足点，重服务强管理，提升便民利民新水平

延吉市牢记执政为民宗旨，坚持把繁荣经济、倡导文明作为立足点和出发点，在精准服务上下功夫，在精细管理上出实招。市场扩建过程中，为确保商户正常营业，通过政府购买服务方式，租用临时经营场所，免收摊位、水电、取暖、卫生等多项费用。回迁过程中，组织 2000 余名志愿者，为商户提供维持秩序、车辆运输、商品摆放等服务，确保了顺利搬迁，如期运营，赢得了广泛赞誉。运营过程中，为提升管理软实力，建立分级网格化管理，成立市场服务中心党委，设立西市场管理办公室，指导企业聘用 40 余名管理员，分层设立管理所，实行"担当区"卫生监督、质量协查、安全排查、投诉处理等包保。分区设置多处"公平秤""公平尺"；在农产品、副食品等区域设置食用农产品质量安全检测室，为客户免费开展快速检测。建立商品准入、追溯机制，对扰乱经营秩序、违反市场管理、失信经营业户建立退出机制。科学的管理体系、规范的营商秩序、公平的营商氛围、物美质优的商品和客商双惠互利共赢的成效，转化为文明经商的自觉行为，换来市场经济繁荣的喜人成果。市场日客流量高峰达 8 万余人次，年销售额突破 12 亿元。

三、激发兴奋点，树新风立标杆，打造诚信营商新品牌

西市场以创建全国文明城市为契机，加大社会主义核心价值观、市民公约、诚信经商宣传力度，精心设计悬挂公益广告、宣传灯箱、展板、条幅、海报等共 100 余处，发放文明城市创建宣传手册 3000余份，发放调查问卷 3500 余份，场内广播设立文明营商宣讲专栏，开市前后播放红歌经典，发布安全从业、文明经商温馨提示。围绕"3·15"消费者权益日、全国食品安全宣传周、全国"质量月"开展政策宣讲等活动；集中开展"我文明我受益""争创百家文明商铺""模范经营业主""坚守品质，维护市场生命线"等诚信经营示范创建活动；实行商户星级评定奖励机制，对累计五星商铺，实行部分费用减免优惠。一系列宣传教育和主题活动，营造了"诚信经商光荣、失信经营可耻"的浓厚氛围。3 年来，商户志愿参与无偿献血 150 余人次，扶贫慰问、助学助残累计款物 5 万余元。涌现出"模范业主"142 人，"星级文明商铺"115 家。诚信优质的商业氛围、琳琅满目的民族产品、物美价廉的大宗商品、整洁舒适的购物环境，西市场成为中外游客到延吉这座边疆旅游城市观光、购物、体验民俗风情的必选景点。

四、抓牢关键点，建堡垒聚合力，提升文明营商新高度

坚持以党建统领经济发展，凝民心聚合力。着力推进非公党建，成立市场协会党委，建强"党建+"机制，健全"1+3+N"队伍，一是按全市统一部署组织各项宣传教育活动。二是下设 8 个党支部构筑起示范引领基层堡垒；业主委员会开展民主议事、营商交流，畅通沟

通渠道；志愿服务岗为商户和客户提供政策宣传、维护秩序、联防联控、语言翻译等服务。三是76名党员、60余名志愿者影响和带动文明经商自觉形成。为应对突如其来的疫情，保障疫情防控期间市民生活物资供应，按照市疫情防控指挥部的部署，西市场迅速行动，设置出入口监测点，建立疫情监测三道防线，即进出必须佩戴口罩；保持一米以上间距；有序扫码认证、测温、登记。进行离延情况排查登记，开展日常环境消杀。在疫情稳控基础上，推动复产复市，市政府多渠道为商户提供"保姆式"服务，助力线上经营，减免各项费用达120万元。疫情防控过程中，全市团结一致，保障了市民日常生活物资供应，复产复市顺利，展示了延吉创建文明城市取得的实效。

俱进菜场治管一体惠民生

上海市浦东新区文明办

高行镇以浦东新区创建全国文明城区为契机，持续推动镇域内 5 个农贸市场环境提标、服务提效、品质提升。万有集市俱进菜场作为镇域最早升级改造的农贸市场，在创建过程中起到示范引领作用。

一、转换工作态势，确保创建同频共振

根据镇域菜场疫情防控由攻坚值守向常态化转换、特殊时期限时限流开市向全面复商复市转换、保障基本供需向放开盘活市场转换的态势，俱进菜场坚持疫情防控和"创城"工作两手抓、两手硬，具体落实到菜场的疫情防控常规性工作和规范化经营。俱进菜场管理人员和市场办工作人员发挥带头作用，合理安排人员分工，在做好排查人员来沪信息、入口体温监测情况下，不定期组织工作人员和志愿者对内场环境大扫除，清除卫生死角。集中对市场"污水溢流、占道经营、秩序混乱"等顽症难题进行排查整治，市场办工作人员与俱进菜场负责人建立专人专项工作管理机制，每日报送现场图片，发现问题立即反馈整改，在原有规范的情况下做到"零容忍"，以高压严管态势规范市场经营管理工作，助力"创城"取得实效。

▲ 万有集市俱进菜场内改造后

▲ 万有集市俱进菜场内改造前

▲ 万有集市俱进菜场外改造后

▲ 万有集市俱进菜场外改造前

▲ 万有集市俱进菜场内改造前

▲ 万有集市俱进菜场内改造后

▲ 万有集市俱进菜场内改造前

▲ 万有集市俱进菜场内改造后

二、坚持对标对表，确保联勤联动整改

召开由市场、城管、城运、消防等相关职能部门、镇域菜场场长参加的镇域菜场建设管理工作联席会议、菜场创评点位和垃圾分类推进会，建立了主体负责、协调配合、联检督查机制和"三定三查"制度（定人、定位、定指标，每天一次巡查反馈、每周一次问题复查、每月一次联合检查）。依据农贸市场 21 条考察标准和新区标准化菜场评估细则、管理制度，制定了菜场检查评比考核奖惩细则，整改宣传氛围、市场环境、经营秩序、垃圾分类等问题。在俱进菜场加强自建自管的基础上，镇层面不间断加大检查督促和指导力度，同时给予一定支持，订制增设行业制度、规范标牌和相关宣传版面，加强社会主义核心价值观、"文明健康 有你有我"、垃圾分类等公益广告宣传，积极营造浓厚的创城氛围，引导市场人员和经营户认识"创城"工作的重要性和必要性。通过举办"创城"知识、垃圾分类知识等讲座，对标准逐一细化、具体讲解、提出要求，重点指出目前检查工作中发现的问题，不断提高经营户和消费者的积极性和参与度。根据菜场管理绩效、激励促进，给予经营户调剂配发干湿垃圾桶、摊前桶、"三白"工作服等。

三、抓牢动态管理，确保建管常态长效

针对俱进菜场的特点、功能属性，围绕创评工作，确立"一市场一方案"，主要在三个方面下更大功夫：一是环境提升。从俱进菜场来讲，就是要重点管好"三个时段"（早上开市进货分拣、中午歇

市铺面杂乱、下午尾市盘整收摊）、"三圈一片"（每个摊位内圈、场内通道中圈、沿街商铺外圈及构成市场主体的覆盖片区）和"上下空间"（墙上宣传氛围有体现、地面清洁保持不间断及场内空间通透清新、无死角）。二是功能提标。主要是围绕卫生秩序和安全设施配套、购享服务配套，盯牢"两桶一厢"（垃圾分类"四分桶"、厕所"马桶"及垃圾厢房），抓牢"食品、消防、用电"三个安全。万有集市俱进菜场通过场内开设的"红色驿站"，积极与周边社区合作开展"创城"志愿活动，向居民发放创建全国文明城市宣传资料，号召从自身做起、从细节做起，为高行镇的文明建设作出自己的贡献，"红色驿站"在高行镇"红色引擎工程"先进表彰中被评为十个红色阵地之一。三是服务提效。通过张贴行业规范、入户宣传等方式引导经营户对环境卫生和经营规范自查，自觉落实"门前三包"规定，针对优良经营户和"问题"经营户形成奖惩制度。万有集市俱进菜场设立消费者维权服务点，建立消费者投诉处理机制（消费者投诉情况记录表和意见回访调查表），及时了解掌握消费者所需所求，快速便捷服务市民诉求，让社区居民买得称心、吃得放心、生活舒心。

打造智慧服务的骆家庄农贸市场

浙江省杭州市文明办

　　杭州市西湖区文新街道骆家庄农贸市场位于杭州市人口密集的城西地块，由骆家庄股份经济合作社举办。市场总建筑面积约 5000 平方米，按商品类别设置 12 大区域（粮油干货区、熟食卤味区、海鲜区、水产区、冷冻区、水果区、禽蛋区、蔬菜区、鲜肉区、酱咸菜区、豆制品区、特色品牌区），240 个摊位，服务辐射周边 40 多个居民小区，近 8 万人口。近年来，农贸市场按照全国文明城市创建工作的要求，持续在硬件和软件建设上发力，努力打造智能化、人性化、规范化、便利化、特色化的"五化"农副食品市场。先后获得了全国社区宣传思想文化工作示范点、浙江省四星级文明规范市场、浙江省智慧市场和浙江省农贸市场服务提升试点单位等多项荣誉称号。

　　2015 年以前的骆家庄农贸市场是一座棚式结构的简易农贸市场，几乎没有配套设施，环境脏乱差。随着杭州市文明城市创建工作的不断推进，同时也为满足周边居民对良好购物环境的需求，从 2015 年开始，骆家庄股份经济合作社先后投入 2800 万元对农贸市场进行了彻底改造提升。目前，农贸市场共分上下两层，不仅严格按照标准化要求设置购物摊位，而且还建立了统一的市场指导价格系统、消费者投诉系统、产品质量检疫检验系统，为消费者把好舌尖上的安全关。

在硬件配置上，安装了扶手电梯、物价电子显示屏，设置服务台、检测室、公共卫生间等配套设施，努力为消费者和经营户营造一个温馨和舒适的消费和工作环境。

有了良好的硬件环境后，市场经营者更加注重在软性服务上的提升，主要体现在"文明、便民、放心、爱心"四个方面。

一是在文明服务方面。严格按照全国文明城市创建标准，在优质服务上尽善尽美，开展"经营真诚、消费真情、管理真实、服务真挚、环境真美""五真承诺"文明大行动。如禁烟劝导，通过设置禁烟标志、控烟志愿者巡查督岗、经营业主带头禁烟等，如今市场内部全年未发生一例现场吸烟现象，市场环境更加清爽、整洁、有序。如携带宠物进入市场，以往常有类似不文明现象，市场通过疏堵结合，显著位置设置禁止宠物入内的标志牌，同时门口设置宠物暂留处，强化宣传，市民群众文明规范逐步养成，这不仅是农贸市场顾客的文明意识提升，也是整个社会文明程度进步的体现。

二是在便民服务方面。市场设有"最多跑一次"政务一体机，消费者市场买菜购物的同时，就可以便捷办理诸如交通违章处理、社保参保、住房公积金查询证明打印等事项，让老百姓做到买菜、办事两不误。公平秤、共享充电宝、微型医疗箱、环保塑料袋、特色环保布袋、物品寄存等温馨便民服务深受消费者欢迎。市场设有消费维权投诉站，为消费者提供消费诉求便民服务。在杭州市农贸市场中第一批设置急救除颤仪（AED），可在紧急情况下对需要救助的人员实行急救。2020年，面对新冠肺炎疫情，农贸市场专门设置了智能门禁系统。按照动态管理制度，消费者佩戴口罩、出示健康码就可以直接进入市场，智能门禁系统有热成像测温仪，可自动监测体温，对于体温异常

▲ 浙江省杭州市骆家庄农贸市场改造前

◀ 浙江省杭州市骆家庄农贸市场改造后

▲ 浙江省杭州市骆家庄农贸市场改造前摊位

◀ 浙江省杭州市骆家庄农贸市场改造后摊位

▲ 浙江省杭州市骆家庄农贸市场改造前

▲ 浙江省杭州市骆家庄农贸市场改造后

▲ 浙江省杭州市骆家庄农贸市场改造后智慧化集成大屏

的人员，会自动报警提示。为了方便没有智能手机的老年人进入市场，系统设有智能刷卡器，老年人刷市民卡或者身份证就可以进入。

三是在放心服务方面。农贸市场专门在服务大厅专门设置了智慧化集成大屏，通过各项数据的收集与分析，使消费者能够了解到市场实时人流量、市场商品检测情况、市场每天菜价变化等信息。通过连接城市大脑，利用区块链溯源技术，可做到上链商品来源可溯、去向可追、质量可查、责任可究，真正做到让消费者放心、安心。此外，市场还定期开展经营户"红黑榜"评选，奖优罚劣，努力提升服务水平。定期开展消防安全知识培训，进行安全巡检，努力打造放心安全市场。

四是在爱心服务方面。农贸市场在二楼开设了邻里优选在线直播区域，主要为杭州市对口扶贫城市的精准扶贫农产品提供销售平台，设有湖北恩施和贵州黔东南的农产品专柜。通过5G在线直播这一新业态形式，不仅可以为这些扶贫农产品进行直播带货销售，也可以对市场经营户的产品进行线上直播销售，为他们增加线上销售的渠道，让消费者增加更多的体验感和参与感。除了直播平台，农贸市场二楼专门打造了共享空间，为消费者提供公共休息场所，方便消费者特别是老年人买菜后坐下来拉家常，紧密邻里情。同时还设有老年大家食堂，方便周边社区老年人和市场经营户就餐，为辖区行动不方便的老年人提供送餐服务。

骆家庄农贸市场是杭州市农贸市场的一个缩影，一路创建、一路演变、一心为民、一心便民，温馨、文明已镌刻到市场的经营理念之中，将以更高要求、更实举措，把农贸市场打造成为展示新时代杭州市文明创建工作"重要窗口"的排头兵。

规范提挡强管理　农贸市场展新颜

——以蓝天农贸市场为例

安徽省蚌埠市文明办

蚌埠市蓝天农贸市场，地处城市中心地带，占地面积约 3000 平方米，改造伊始，存在着市场设施陈旧、环境脏乱差、分区不合理、消防安全隐患大等问题，群众反映强烈，该农贸市场也成为全国文明城市创建的痛点、难点。2016 年以来，蚌埠市按照"属地管理""一场一策"工作原则，对蓝天农贸市场进行改造，改造后的市场分蔬菜、肉蛋、家禽、水产等 7 个功能区，设置摊位 280 余个，具备"一站式"服务功能，过去饱受市民诟病的农贸市场蜕变成环境优美、食品安全、管理有序、服务现代的新型市场，有效提升了市民的幸福感与获得感。

一、明确标准，市场改造清单化

在商务部《标准化菜市场设置与管理规范》的基础上，整合全国文明城市测评体系、国家卫生城市创建、食品安全规章制度等标准要求，以清单化的方式，细化农贸市场改造"八有、七无、六统一"标准，按照市、区、市场 1：1：1 的支出比例配补资金，从基础设施、场

▲ 改造前的摊位

◄ 改造后的摊位

▲ 改造前的摊位内部

▲ 改造后的摊位内部

▲ 改造前的市场环境

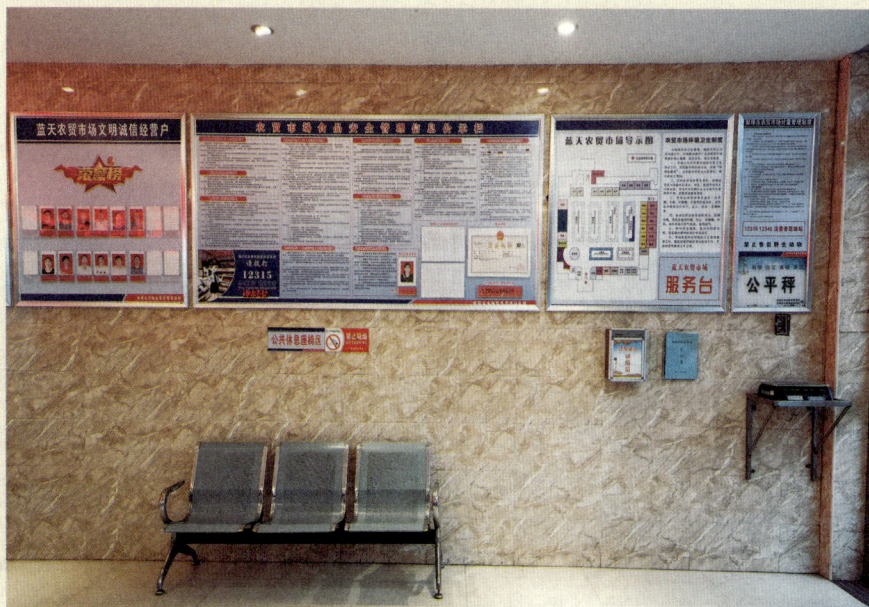

▲ 改造后的市场走廊

地环境、分类布局、供水供电等方面进行规范提升，增设了机械排烟、自动喷淋、自动报警、紧急广播、应急照明等消防设施，为市场安全提供了保障；配置了专业冷库、水冷空调、WIFI 信号等，为市场经营者、居民提供更便捷、更完善的服务，并实现"网上交易—市场采购—分拣配送"的线上线下全程服务，满足居民多样性需求；配备了公平交易秤和专门的菜品检验检测室，每日对蔬菜和水果的农药残留等指标进行检测并公示，不定期对市场内肉类、面粉等开展检测，全面消除不合格食（产）品。特别是针对大众关切的活禽宰杀区环境卫生差，易感染、传播疫病问题，对活禽区采取了"购买、展示、宰杀物理双隔离"改造，即活禽区和其他销售区物理隔离、活禽宰杀销售点和消费者之间物理隔离。改造后的农贸市场分区更合理、功能更完善、购物环境更舒适。

二、规范管理，责任包保制度化

制定《巩固提升标准化农贸市场环境和管理水平行动方案》，从证照制度、环境卫生、经营秩序、氛围营造等 6 个方面，细化管理标准 15 条，统一上墙制度 9 项，规范宣传图样 31 种，设计标识标志 11 款，明确开办者职责、经营者责任、消费者义务和监管部门职能，在市场显著位置张榜公布。把蓝天农贸市场纳入到"一场一巷一小区"市领导包保范围，实现市、区、局三级负责，定期开展现场观摩，由市领导带队，组织市直相关部门、属地政府、行业协会、市场开办者等，通过"行走蚌埠"的方式，对市场日常管理情况进行巡查督查，发现问题，了解情况，并通过"一单三交"（问题清单、交责任单位、交属地政府、交市场开办者）方式进行整改。推行市场网格化管理，成立专门督查组，每月开展不少于 2 次巡查督查，每季度组织一次市场环境"搬家式"清理，定期请专业公司对市场环境进行全面消杀，并做到巡查检查有记录、问题交办有清单、整改对比有照片。

三、严格考核，智能技术信息化

结合"食安蚌埠"APP 改造，引进农贸市场"智能巡查"技术，利用定人、定景、定时、定事、定位"五定防伪"手段，设置市场开办者自查、监管人员检查、整改管理、数据分析等功能，提升市场管理效率。制定《蚌埠市示范农贸市场督查考核细则》，由市场监管局联合卫生健康、住建、农业等部门每周对农贸市场经营管理情况进行考核打分，建立完善周通报、月排名、季奖惩的工作机制，对排名靠前的授牌并给予一定物质奖励，对排名靠后的实施约谈和黄牌警告，责令对通报问题限期整改，极大促进农贸市场日常管理工作责任落实，提升关注度，有效杜绝"平日工作靠应付、迎查迎检靠突击"的拖延懈怠心态。

蓝天农贸市场干净整洁的通道、布局规范的摊位、宽敞明亮的购物环境，直接改善了消费心情与购物体验，赢得了广大市民认可与肯定，"环境好了，买菜时心情也好了"。很多市民由衷感叹。"经营环境变好了，顾客心情好了，逛的时间更久，我们卖得也更开心。"经营商户同样感觉舒畅。蓝天农贸市场已经成为展示蚌埠美好城市形象的一张亮丽名片。

让群众共创共享看得见的文明诚信与食品安全

——厦门市创建 2.0 版智慧型一流农贸市场

福建省厦门市文明办

一、背景

厦门松柏农贸市场位于人口密集的主城区，建成于 1994 年，各项工作长期居于全市农贸市场之首，曾先后获得国家级、省级"文明市场"、"诚信示范市场"等称号。2011 年初，松柏农贸市场成为首批按照商务部《标准化菜市场设置与管理规范》要求进行提升改造的市场，受到有关方面的肯定。鉴于松柏农贸市场扎实的创建基础，从 2017 年开始，厦门按照农贸市场建设标准 2.0 版要求对其进行深度提升改造，突出信息化建设，强化食品安全举措，使其成为厦门市农贸市场文明诚信创建、标准化建设和食品安全管理的示范标杆，得到国家、省、市各级领导的高度肯定。

二、做法与经过

（一）优环境、重人本，营造文明诚信氛围。松柏农贸市场通过全新的优化布局和个性化设计，提高了经营场所利用率，拓宽了通道。同时划行规市，针对不同行业特点，对设施分布及摊位设计进行个性化、人性化设置，充分展示以人为本理念的同时，也起到优化产品展示的效果，更加符合经营者和消费者的需求。在市场入口处设置便民服务点，为经营者和消费者提供休息、茶水、常规药品等服务。强化安全措施，场内增设成套监控设备，保障财物、水电及消费安全。市场门口设多处非机动车停放架，车辆停放更加有序。

（二）强管理、精细化，筑牢文明诚信之基。松柏农贸市场实施"文明经营户"评选制度，把对经营户的要求进一步细化、量化，明确权责，对发挥诚信文明示范带动作用的经营户进行优惠租金奖励。市场入口设有大型 LED 显示屏，对经营者信用、商品检测结果、商品参考价格等进行滚动公示；内设市场布局图、食品安全、管理制度等多个板块，充分做到场务公开；各行业区域设有分区指示牌，方便引导消费；市场内商铺统一采用 LED 发光字店招，整齐美观，实施品牌化经营，使农贸市场从"各自为阵"向"商超化"运作迈进。发挥社会监督作用，达到齐抓共管的效果。

（三）借数据、提智慧，注入文明诚信新机。松柏农贸市场内各经营户均设置"一店一码"信息公示牌，供消费者查询商家信息。经营者统一采用智能溯源秤，称重过程中无须按键操作，通过摄像头即可自动识别菜品种类及价格信息，交易完成后自动打印溯源小票，购销信息同时上传至厦门市食品药品监测预警中心。市场内还配置有食品安全快检实验室，配置信息公示大屏，集中公示摊位信息及检测信息，并同步上传至监测预警中心。市场内重点区域均安装无死角监控探头，监控数据直接与预警中心实时互通，充分发挥"大数据"优势，

▲ 厦门松柏农贸市场改造前

▲ 厦门松柏农贸市场改造前

▲ 厦门松柏农贸市场改造后

▲ 厦门松柏农贸市场改造后内景

▲ 厦门松柏农贸市场改造后（自助服务终端）

有效保障商品来源和流通安全。

（四）强服务、利民生，强化文明诚信监督。市场设置检测室，每日对市场内所售农产品开展农药残留、甲醛、硼砂等多个项目进行检测。松柏农贸市场楼上的筼筜市场监管所建设了全市首批食品快速检测实验室，2017 年底全面投入使用，可完成农兽药残留、硼砂、瘦肉精等 59 项检测项目。该所通过开展设置"你点我检"免费服务项目向市民开放，将其打造成为市民身边的检测室，到松柏农贸市场买菜的市民第一时间即可享受快捷便利的"官方"检测服务，对场内经营者文明诚信经营起到充分的监督效果。

三、成效与反响

厦门践行"民有所呼，我有所应；民有所盼，我有所为"，以松柏农贸市场为全市试点单位，成功创建 2.0 版智慧型一流农贸市场，充分发挥示范引领，创建管理品牌、树立典型标杆，得到国内各省区市高度关注，每年接待市级以上调研参观 100 余次，有效带动了厦门农贸市场全面升级改造，为文明城市创建再添助力。

四、经验与启示

经过长期驰而不息的文明诚信创建，松柏农贸市场打造整洁舒适的环境，让群众买得舒心；全面推广可追溯专用电子秤，让群众查得安心；"你点我检"免费农产品检测服务，让群众测得放心，让群众共创共享看得见的文明诚信与食品安全，不断增强了获得感、幸福感。2017 年松柏农贸市场改造提升后，厦门市以松柏农贸市场为蓝本制定了《厦门市农贸市场建设改造标准》（1.0 版、2.0 版），并已在全市推广。在此基础上，厦门市创建"3.0 版"农贸市场蓝图可期，助力全国文明城市创建工作迈上新台阶。

让"菜篮子"越拎越舒心

——以流万智慧农贸市场改造为例

江西省萍乡市文明办

"民心所向，胜之所往。"近年来，江西省萍乡市在全国文明城市创建过程中牢牢坚持以人民为中心的"创城"理念，从群众最关心的问题抓起，从群众反映最强烈的问题改起，聚焦农贸市场"小市场，大民生"问题，先后改造提升了一批标准化农贸市场，让老百姓的"菜篮子"越拎越舒心。其中，安源区流万智慧农贸市场按照智慧管理、环境整洁、食品安全、文明经营的标准要求进行了全面改造提升，从"面子"到"里子"发生了脱胎换骨的变化。

一、硬件设施智慧化，小菜场玩转大数据

流万农贸市场经营面积约 3000 平方米，规划经营导台（铺位）90 余个，商品经营品类涵盖水果、蔬菜、肉类、水产、海鲜等 12 大类。改造过程中，以保障食品安全、改善农贸交易环境为目的，增添了数字监控体系，运用物联网、大数据等技术，实现"智能称重、交易追溯、信息公示、大数据管理、物联网交易"等主要功能，做到了菜安全、无异味、价公道、计量准、价公示、可追溯、智慧付、联成

网。完善了安全监测机制，定期对市场内所有的蔬果摊贩抽取蔬果样品进行检测，检测结果及时记录、建档、公示，对不合格的产品及时销毁，并对摊主采取惩罚措施。完善了消防设施，落实 24 小时全程无死角监控，有突发火情能及时发现、处置。建立了智能服务系统，在每个摊位都安装了电子屏，市民只需扫码即可实现移动支付，还可在市场搭建的软件平台对商家进行点评、对所购蔬果农残物进行快检、投诉维权，实现农贸市场管理信息化、服务透明化、监管规范化。

二、商户管理精细化，脏乱差变为美佳净

为营造一个良好的经营、购物环境，进一步完善市场管理机制，通过严格划行规市、倡导文明经营、强化教育培训，实现商户日常管理精细化，营造了整洁、有序的市场环境。严格划行规市分区销售，规划市场销售分区，统一配置招牌、台面和货架，对菜市场、售卖区、活禽存放区进行三级分区，完善生鲜保鲜设施，改进新风循环系统，做到摊位不出线、空气无异味、噪音不超标。开展文明商户星级评比，围绕环境卫生管理、诚信经营、文明经营，精心制定文明商户量化考核评比管理办法，评定商户星级，并在市场进出口、摊位电子显示屏进行公示，对星级降级的商户进行及时提醒教育，对星级不达标的商户做清退处理，使市场的购物环境有了质的飞跃。强化商户文明素养培训，在市场醒目位置展示社会主义核心价值观和诚信建设、"文明健康　有你有我"主题公益广告，营造浓厚的文明诚信经营氛围；每月定期开展商户文明素养培训交流，组织学习质量检测知识、

▲ 流万农贸市场改造前内景

◀ 流万农贸市场改造后内景

▲ 流万农贸市场改造前内景

◀ 流万农贸市场改造后内景

▲ 流万农贸市场改造前内景

► 流万农贸市场改造后内景

▲ 流万农贸市场改造前内景

► 流万农贸市场改造后内景

文明服务礼仪、卫生防疫知识、消防安全技能等，充分激发了经营业主体诚信经营、安全经营、文明服务的内生动力。

三、环境整治彻底化，小细节改善大氛围

在市场周边环境整治方面，坚持"一五十"工作法，针对占道经营、乱停乱放、卫生保洁不及时等影响市容市貌突出问题，坚持落细落小落实，"一"天一排查，持续发力不放松，"五"天一小结，强化措施促落实，"十"天一推进，齐抓共管强合力，形成了源头疏导、综合治理、长效管理的工作机制。规范周边地摊治理，针对周边摊贩占道经营现象，在市场内专门设置"地菜"摊档，纳入管理体系，为菜农提供便利，免受风吹雨打，有效解决了周边菜农在路边占道经营的问题，同时也为群众提供更多选择，真正实现从"菜地到餐桌"的新鲜。强化环境卫生保洁，加大宣传劝导力度，督促商铺严格落实门前三包责任制，做好卫生清洁；强化对环卫市场化公司协调力度，增加保洁人员，加大保洁力度，清理卫生死角，确保不留卫生死角和盲区，确保垃圾随产随清。背街小巷品位提升，严格按照排水通畅、路面整洁、道路宽敞、环境优美的标准开展背街小巷改造，完成道路提升改造约 4000 平方米，增设车位 450 个，铺设草坪约 800 平方米，更换破旧公益广告 50 块，整理管网线 50 余处 2000 余米，背街小巷焕然一新。

推进农贸市场"五化"建设

河南省郑州市文明办

近年来,郑州市针对农贸市场治理涉及面广、基础设施差、历史欠账多、管理短板大等现状,以全国文明城市创建为契机,在业态多样化、运营科技化、环境特色化、服务智慧化、布局科学化"五化"建设上不断创新,探索走出了农贸市场独特发展的"郑州路子",研究制定了农贸市场规范化建设和常态化管理的"郑州标准"。

一、市场业态多样化

紧扣市民所想、紧贴市场所需,围绕城市未来发展,提出"一场多能"的农贸市场规划设计理念,在市场建设或改造提升时充分考虑周边市民的实际生活需求,相应地配套建设公益、微营利性质的设施或者场所。新建标准化农贸市场内有中央空调、电梯、休息区、公益书吧、餐馆、WiFi 全覆盖,还有宠物暂存区、儿童游乐区以及茶座和戏台等设施,不断满足普通百姓对品质化生活的需求。同时,积极打造"15 分钟便民生活圈",推动便民服务入驻市场,缝补衣物、修鞋换底、家电维修、自行车修理、医药箱、公平秤、免费饮水机、免费手机充电等便民设施,成了每一个农贸市场的标配,让"民生"底蕴渗透至市民生活和城市发展的细枝末节，让人们在市场购物的同时，回味过去，获得幸福感。

二、市场运营科技化

在农贸市场内，消费者扫描购物小票二维码，就可显示所购买商品的名称、重量、单价、金额以及商户的诚信星级、所采购商品的农残检测情况、进货渠道和当日销量等数据信息。郑州市为每一个农贸市场配备了智能电子公平秤，提供准确称量计算，打印追溯凭证，拥有支付宝或微信等电子支付结算及销售、利润数据分析管理等智能化服务。同时，鼓励和引导农贸市场推出电商平台，推出线上下单、线下配送等便捷化服务。

三、市场环境特色化

突出文化元素的个性化定制，打造购物空间"体验感"，不但提升了市民购物体验，还得到了年轻消费者的认可。以红色教育主题，建设党建主题市场，通过设置党建文化长廊，展示党建重大活动和郑州历史的沧桑巨变，让市民在购物的同时，潜移默化地接受教育，进一步激发广大市民群众爱党爱国爱家乡的热情。以河南豫剧等非物质文化遗产为主题，建设传统文化主题市场，利用市场空间布局，设置书场、戏台和茶座，邀请《梨园春》明星擂主、戏迷爱好者、戏曲学院学生前来表演，为广大戏曲爱好者提供了一个交流的平台。同时，举办非物质文化遗产主题展，邀请非物质文化传承人现场展示传统技

L

艺，展现了中国非物质文化遗产的独特魅力，也给市民群众带来了更多童年的回忆。

四、市场服务智慧化

为实现农副产品流通全链条、可视化管理，郑州市利用现代科技信息手段，运用"互联网＋追溯"技术，大力发展农贸市场及产业链信息化，打通商品流通的上下游，建立完善的农副产品追溯体系，广大消费者通过手机扫描二维码就可以轻松查到经营者的证照资质、产品信息、供货商资质、产品质量检测、进销货渠道等关键信息，让农贸市场的食品安全保障监管形成一个"环环相扣、层层追踪"的有机整体。不仅源头可控、去向可查、问题可溯、责任可追，而且大大提高了食品安全监管的工作效率，让安全保障更有效。

2020年，为助推经济社会恢复正常秩序，强化市场消费带动，郑州市推出了便民小程序"郑州市场智图"，智图涵盖郑州市主城区及各县市农贸市场、专业市场和批发类等市场，点击即可查看各市场的图文简介、经营业态、位置导航等详细信息，还可以通过市场、区位等类目分类查询，为方便市民群众出行购物提供参考。

五、市场布局科学化

郑州市在城市建设规划中坚持把农贸市场放到重要位置，并将农贸市场纳入城市公共管理与公共服务用地规划管理范畴，根据城区发展规划和人口居住现状分布，结合"三级三类"便民服务中心建设，

▲ 市场治理和改造提升前

◀ 市场治理和改造提升后

▲ 市场治理和改造提升前

◀ 市场治理和改造提升后

▲ 市场治理和改造提升前

▶ 市场治理和改造提升后

▲ 市场治理和改造提升前

▶ 市场治理和改造提升后

统筹编制《郑州市农贸市场布局规划》，并纳入城市土地利用总体规划、城市总体规划，坚持农贸市场与城市改造同步规划、同步配套建设、同步验收。

面对老旧市场设施简陋、设计不合理、功能不健全的问题，在广泛调研和征求意见基础上，郑州市出台《郑州市农贸市场设置与管理规范》，对市场建筑装修、设施设备、布局规划、商品卫生质量、现场食品加工、品牌食品经营、市场管理、诚信经营、功能提升等都制定了详细的标准。城区现有农贸市场未达标的须对标限期进行提升改造，新建市场则必须依据规范进行布局和建设。

科学化布局、高标准建设、精细化管理，使星罗棋布的农贸市场实现蝶变腾飞，在郑州建设国家中心城市的大潮中熠熠生辉，逐步成为城市高质量发展中的一张亮丽名片，闪耀中原。

五柳树综合市场大变样

湖北省枝江市文明办

湖北省枝江市牢固树立"为民惠民靠民"创建理念，将集贸市场改造作为文明创建的重要切口和惠民利民的重点项目推进落实，把实事办到百姓家门口，把好事办到市民心坎上，不断增强群众的获得感、幸福感。五柳树综合市场经改造提升，市场面貌大变样，赢得群众的一致好评。

一、立行立改应民声

五柳树综合市场是枝江市最大的集贸市场，始建于 1991 年，占地100 亩，服务城区及周边乡镇近 10 万居民。后因管理不善，乱搭乱建成风，街巷严重被挤占，市场功能日益弱化，环境脏乱差，市民反映强烈。2018 年初，枝江市将五柳树综合市场改造纳入创建全国文明城市的重点整改督办项目，并列为《市政府工作报告》十件民生实事之一，投资 2000 万元进行改造，2019 年 1 月投入使用。改造后的五柳树综合农贸市场区域共设固定摊位 192 个、临时摊位 160 个；百货工业品区域共有商业街 18 条、固定商业门店 550 个。目前，整个市场硬件设施、功能配套、行业布局分类、卫生条件等已达国家规范化菜市场

▲ 改造前的五柳树市场

◀ 改造后的五柳树市场

▲ 改造前的五柳树市场外街

◀ 改造后的五柳树市场外街

▲ 改造前的五柳树市场摊位

▲ 改造后的五柳树市场街道

标准，是目前宜昌市内规模最大、硬件设施最全的室内农贸市场之一。拓宽刷黑的主干道、绿化亮化的街道、立面美化的店铺、设置市民休闲座椅等公共设施，让五柳树综合市场成了群众休闲购物的好去处。

文明创建就是要牢固树立以人民为中心的发展思想，把群众急难愁盼的问题作为短板、弱项来整改提升，不断应民声，惠民生，聚民心。

二、集思广益汇民智

改造前，逐户走访经营业主，征集市场改造方案、摊位规划布局等可行性意见建议400多条。在严格按照商务部《标准化菜市场设置与管理规范》规划设计时，创造性地融入业主建议，形成并广泛宣传展示市场改建方案和效果图，赢得了广大市民的支持。改造中，分类召开业主代表座谈会20场次，展开拆违专题大讨论，400多家经营户兑现承诺，自行拆除违建，占到市场经营户的2/3以上。

文明创建就是要深入践行党的群众路线，怎么改、如何建，广泛听取群众意愿、凝聚群众智慧，才能真正做到群策群力、共建共享。

三、齐抓共管聚民力

市场改造后，成立了业主委员会，11名业主参与管理和监督，鼓励经营业主之间相互监督提醒。同时，聘请第三方物业公司分"秩序组、环卫组、安全组"等实行专业化管理，设置市场监管所驻场管理，实现了业主、物业、政府部门的多方联动、齐抓共管。目前，市场内实现了固定门店商品不出店、流动摊贩不出线；车辆单向通行、有序停放；消防安防监控设施齐全，人防物防技防落实；市场内无禁售野生动物、活禽、长江鱼等，无假冒伪劣商品和过期变质食品上市销售。疫情防控期间，各经营业主自觉做好门店消毒、卫生保洁等工作，推动疫情防控、文明创建与监管业务常态化。

文明创建的过程也是促进基层治理体系和治理能力现代化的过程，要巩固维护好创建成果，最根本的是要调动群众的积极性，让群众自我管理、自我完善成为常态、形成长效。

四、建章立制化民风

按照规范化菜市场标准，制定了农贸市场行业规范、市场物业秩序卫生管理规范、市场内消费者申投诉处理制度、文明诚信示范创建制度等，每季度开展一次诚信经营户、"文明摊位"评选活动。同时，市场设有消费者申投诉处理站、学雷锋志愿服务站、公平秤、便民设施、无障碍设施、消防设施、公益宣传阵地等，常年坚持开展社会主义核心价值观宣传、"文明诚信"主题宣传、"文明健康　有你有我"公益宣传，营造了文明和谐的市场新风尚。

文明创建就是要牢固树立法治、德治并重的理念，通过完善制度机制来加强约束、引导、鼓励，达到成风化人的目的。

五柳树综合市场改造的成功经验正在广泛推广和实践，我们将用这一重要经验解决一批群众急难愁盼的民生问题，实现创建为民、创建惠民，在争创全国文明城市的进程中迈出更加坚实的步伐。

强化"四个管理"提升市场品质

——以莲城生鲜宝塔市场为例

湖南省湘潭市文明办

莲城生鲜宝塔市场位于湖南省湘潭市岳塘区宝塔街道，经营面积约 3200 平方米，拥有 51 个门面，47 个摊位。在创建和深化全国文明城市的过程中，严格对照《全国文明城市测评体系》对集贸市场的标准要求，常态实施"四化"管理，率先实现食品溯源信息管理和信息公示，结合"农改超"工程，不断优化"菜篮子"供应保障模式，市场内干净整洁、商户文明经商、管理规范，成为全国首例政企合作的标准化农贸生鲜超市。

一、以精细化管理落实经营理念

莲城生鲜宝塔市场坚持"便民、利民、惠民"的经营理念，将文明服务作为基本要求，从细节着手，通过"四个抓"提升服务质量。一是抓信息公开。为消费者和经营商户提供便利服务的综合中心就设在市场主入口，同时通过电子显示屏及时发布商品指导价格，方便消费者的购物选择。二是抓功能分区。市场内建立了肉类区、蔬菜区、水产区、熟食区等功能区，并在醒目位置设置指向牌，方便市民选择。三是抓氛围营造。在市场醒目位置刊播社会主义核心价值观、诚信经营、禁烟控烟、文明健康教育宣传栏等标识标牌，达到了抬眼可见、举足即观。四是抓设施配套。商品价格公示系统、公平秤、农药残留检测点等软硬件设施一应俱全，市场特意设置的 8 米高顶棚，使室内外空气产生对流，加上明暗沟排水渠道的设计，让整个市场自上到下时刻保持卫生干净整洁。

二、以制度化管理严格服务标准

通过建制度、强考评、设专岗、严管控，将服务标准做实、做精，提升消费者满意度。一是建制度。《市场日常管理制度》《食品安全应急管理制度》《农残检测管理制度》等各项管理制度不断完善，创建责任得到进一步压实。二是强考评。市场管理人员实行岗位目标责任制度，将市场秩序、卫生管理、食品安全、商品检测、台账资料、信息宣传、计量管理等责任落实到每一个人，将创建工作纳入员工绩效考核，并根据每月创建工作任务实际情况灵活调整考核权重。三是设专岗。市场内配备消防监控室、微型消防站和 40 余个摄像头，配备安保专岗人员，确保市场日间晚间安全防控，电子监控系统设有专人负责，加强农贸市场安全管理。四是严管控。车辆实行区域划线停放，市场管理人员全天候实行动态督察纠正，做到停放有序、摆放整齐，市场内经营者每天用于进出货的车辆在市场规定时间进入，尽量减少噪音对周边环境的影响。

▲ 湘潭市莲城生鲜宝塔市场改造前

▲ 湘潭市莲城生鲜宝塔市场改造后

▲ 湘潭市莲城生鲜宝塔市场入口处改造前

▲ 湘潭市莲城生鲜宝塔市场入口处改造后

▲ 湘潭市莲城生鲜宝塔市场内改造前

▶ 湘潭市莲城生鲜宝塔市场内改造后

▲ 湘潭市莲城生鲜宝塔市场宣传栏

▲ 湘潭市莲城生鲜宝塔市场内改造后

三、以长效化管理深化诚信建设

始终以推进文明诚信经营、文明服务作为助推市场形象提升的原动力，通过细化溯源机制、畅通投诉渠道、开展信用评价等举措，加强诚信长效化建设，以诚信经营赢得口碑。一是细化产品溯源机制。市场进一步细化了商品检验、市场承诺、投诉公式以及进销货台账、农产品来源溯源、对商品质量索票索证、不合格商品退市销毁等市场管理规则。二是畅通消费投诉渠道。根据农贸市场消费者权益保护制度的要求，设置了消费者投诉受理室、投诉箱和举报电话。市场与经营户约定了消费侵权损害赔偿办法，使交易纠纷投诉和消费者投诉及时高效处置变成了可能。三是开展信用考评奖惩。设立经营户诚信经营档案，建立监督约束机制，通过采取信用评比、考核奖惩等措施，规范市场内经营者的经营行为，开展诚信经营日巡查、月评比，公示诚信红黑榜，对不诚信业主进行黑榜公示，场内经营业主的证照统一悬挂，做到亮照经营、诚信经营、文明经营，建立经营业主信息管理台账，及时督促业主及时更换即将到期的证照。

四、以常态化管理提质市场环境

以高标准加强市场环境管理，突出重点整治、常态管理、专项治理、基础配置，破除农贸市场环境卫生根源性问题，确保环境卫生干净整洁。一是重点整治。市场对经营户实行实名健康登记，每位经营者都严格要求办理卫生健康证，并对食品从业人员健康采取定期检查登记，同时定期组织开展除"四害"活动，贯彻落实

《病媒生物预防控制管理规定》，配备完善的"三防"设施，并聘请专业机构定期对市场内进行消杀防治。对家禽、熟食、肉制品经营区、厕所等重点区域经常冲洗、消毒，保持干燥、无异味。二是常态管理。市场配备有专职保洁人员3名，并对市场经营户实行环境卫生区域责任制度，市场管理员又是环境卫生监督员，按照长效管理要求实行巡查管理，组织督促做好各责任包干区内的卫生保洁工作，做到摊位（店面）清洁，经营工具摆放整齐，无乱挂乱吊，无乱堆乱放，无积水外溢，无散落垃圾，无摊（店）外经营。三是专项治理。为进一步深化农贸市场文明创建工作，市场不定期对经营户进行文明公益知识宣传，每周组织开展一次爱国卫生运动。四是基础配置。市场配备有统一的废弃物容器、分类垃圾桶（箱），每个摊位设置加盖的垃圾桶（箱），配备必要的卫生保洁设施；市场内垃圾及废弃物集中收取并及时清运，保持农贸市场内外的卫生整洁。

五　城中村篇

让城中村成为宜居宜业的现代化文明社区

河北省秦皇岛市文明办

河北省秦皇岛市作为串珠型布局的沿海城市，城乡接合部之间的城中村问题比较突出。如何解决这些问题，成为文明城市创建必须攻克的一道大题。

秦皇岛市把城中村改造列为文明城市创建的一号工程，确立了"拆、改、管、提"总思路，拉开了党员干部脚步丈量民情、入户倾听民意、躬身解决民需的序幕。2.3 万次的走访换来干部群众的勠力同心、攻坚克难。侵街占道、楼上盖楼、垃圾成堆、污水横流、胡乱摆摊的城中村实现了颜值的蜕变、价值的飞跃和文明的升华。

一、依法依规拆违建

在全市部署开展集中拆除城乡违法用地和违法违章建设"双违"综合整治行动，确立 3 年内彻底消灭"双违"的目标。拆除违建需要执法无情，按照依法依规拆违的"四个不允许"（不允许拆小不拆大，不允许拆民不拆官，不允许拆软不拆硬，不允许拆明不拆暗），形成"一竿子插到底、一鼓作气干到底、一把尺子量到底、一碗水端平端到底"的拆违态势，累计拆除"双违"26223 处、1081.7 万平方米。拆除违建也要心中有情，各级党员干部逐户逐人面对面做工作，依据民意对房屋产权、就业保障、民宿经营等制定统一方案，消除村民的后顾之忧。历经 25 年，7 次动拆失败的范家店村，仅用 76 天就拆违 12 处，面积 10.86 万平方米，擦亮了火车站旁的"港城窗口"，拆出了"范家店速度"。历经 11 年无法动拆的赤土山村，历时 11 天就拆违 221 处，面积 13.83 万平方米，拓宽了北戴河的东大门。

二、高品质规划改造

秦皇岛市充分利用好拆违后的土地资源，按照"即拆、即清、即整、即建、即美"的要求，实施城中村大整容攻坚行动，改造城中村 38 个，背街小巷 216 条，新增小公园、小广场、小花坛 460 处，一大批关系群众切身利益的问题得到解决。北戴河赤土山村拆违后，注重高品质的规划建设，重新定位为旅游经济发展村。本着统一谋划、统一布局的思路，整体道路整修、墙体粉刷、绿化亮化，改善城市排水、裸露管线预埋等，完善了城市功能，提升了形象品位，使改造后的新村有"颜值"又有"气质"，被誉为"城市里的新别墅"。同时，开展星级文明户评选、美丽庭院创建、村史挖掘、发展理念宣传等精神文明创建工作，激发了群众自我改造的动力。自主建立赤土山新村游客中心（赤土山东海岸公寓登记处），新环境、新公寓、新旅游逐渐形成。目前，赤土山新村已成为食宿、参观、游玩、租车等"一站式"旅游服务村。

三、绣花式精细管理

实施网格化管理模式，助力新村管护，以十户为一格，逐一明确责任人和管理指标，把任务分解到每个部门、每个单位、每个负责

▲ 改造前的赤土山村

▲ 改造后的赤土山村

▲ 改造前的北戴河村

▲ 改造后的北戴河村

人，做到每一个住户、每一米道路都有人抓有人管，切实将村管成城。同时，启动城中村物业管理工程。抚宁区北后街村利用集体收入，组建由10名低收入村民组成的村物业，从事"配套设施、公共保洁、秩序维护、停车管理、设施维保、绿化养护、道路保养、维修服务"等工作。经过专业管护，秩序井然、开门见绿的北后街村已成为A级文明村，茶余饭后的广场、花园成了村民跳舞、下棋的好去处。截至目前，全市建成物业村32个，占改造城中村的84%。

四、软硬并重"双提升"

启动城中村"双提升"工程，按照地理位置、历史文脉、村域特色、产业形式确定一村一策，既注重环境建设，又注重文化传承。北戴河村地理位置优越，有几十个闲置院落，硬件虽然陈旧，但也恰恰见证了北戴河村的发展历史。几十个闲置院落对外发布，吸引艺术机构入驻，文化创意产业村概念基本形成。通过村域治理、文化挖掘、产业传带，北戴河村已发展成为一个以文化、农业、旅游为载体，融创客、众筹、"互联网＋"等多种元素为一体的综合性文化产业园。北戴河"艺术村落"已入驻项目90家，完成布展并开放院落65个，在建院落16个，手工艺术工坊类26家，特色民宿36家，展示交流类3家。北戴河村不仅解决了农宅闲置与产业发展的问题，更增添了农村文化的艺术氛围，形成了"生活艺术化，艺术生活化""水岸田园—艺术村落"的发展特色。

在文明城市创建的号角声中，除赤土山村、范家店村、北戴河村之外，东白塔岭村、韩庄村、小李庄村、抚宁区西北片区等38个城中村，正在由原来脏乱差、治安和消防隐患丛生、公共管理落后蝶变成布局合理、环境优美、温馨宜居、产业融入的文明高地。

改造攻坚擦亮美丽底色

——以邵家墩项目城中村改造为例

浙江省湖州市文明办

浙江省湖州市坚持以"八八战略"为总纲，以"两山"理念为引领，坚决贯彻省委、省政府决策部署，破解发展难题、解决前进掣肘，在全市范围内全面开展了城中村改造攻坚专项行动，仅用 14 个月的时间在全省率先完成浙江省原定的 4 年征迁任务，创下了湖州市拆迁规模最大、难度最高、速度最快的攻坚纪录，真正实现了环境不断改善、产业优化升级、民生福祉提升，为湖州的发展供给了新动能、打开了新格局，该项目入选浙江省民生获得感示范工程。

邵家墩村位于吴兴区环渚街道中心区域，是湖州市南太湖新区市北分区建设主战场，邵家墩村一期改造任务 172 户、建筑面积 13 万平方米，二期改造任务 403 户、建筑面积 20 万平方米；区块内共涉及厂房 76 家，坟墓约 1000 座，庙宇 4 座。目前，邵家墩村一期、二期的旧房拆除工作已全部完成，区域内的建设工作正全速推进。

一、多举措惠民机制，书写幸福民生新答卷

在改造工作中，湖州市始终坚持让更广大人民群众享受城市建

▲ 邵家墩村原貌

◀ 改造中的邵家墩村

▲ 邵家墩村原貌

◀ 改造后的邵家墩村

▶ 改造后的邵家墩村

▶ 浙江省湖州市井安小学

设成果的理念，真正使城中村改造攻坚成为一场更大层面上的惠民为民行动。不折不扣落实《湖州市城中村改造征收集体土地房屋补偿和货币化安置奖励的实施意见（试行）》，实行货币补偿安置和市场化（房票）安置，让被征收人有了更大选择空间。此外，在575户群众得到妥善安置的基础上，针对老年人过渡安置困难的问题，积极推进老年人过渡房配套建设，累计建设280余间，安置老人294人，并在保障一户一房、厨房、卫生间等基本配套的前提下，以不低于同时期商品住宅的标准推进安置规划建设，设立老年人活动室、食堂等，满足了老年人的多样需求。

二、深层次转型升级，挖掘产业培育新增点

城中村改造的意义在于征迁之后更好地建设，把腾空的土地规划好、改造好、利用好。我市以"产城人融合"为基础，以人民群众共享建设成果为导向，走出了一条"产、城、人"融合相促的发展道路。通过城中村改造攻坚行动，先后促进了金冠鸿图、中跃化纤、蓝天火箭等一批重大项目的招引，带动了全市11个万亩千亿大平台拓展提升空间18130亩，引进10亿元以上项目27个，发展后劲切实增强。通过拆改倒逼，邵家墩项目的顺利实施破解了困扰多年的"低小散"发展瓶颈，实现了区域内环渚工业园区提质扩容，通过拆改倒逼，为换鸟腾出了笼子，为转型提供了空间。

三、大力度破旧立新，锻造湖城面貌新蝶变

随着市北 28 号、33 号地块等安置项目的快速推进，"脏、乱、差"的城中村焕然一新，取而代之的是干净整洁、井然有序、平安和谐的城乡新面貌、人居新环境。此外，邵家墩城中村改造促进了湖山大道、内环快速路、湖长二通道等一批城市路网工程的建设，保障了市北体育公园、永辉超市等一批提升城市未来品质项目和井安小学、浙北医学中心等一批民生保障类项目的顺利推进。目前，依托湖师附小教育集团，总建筑面积近 6 万平方米，建设规模 60 个教学班级的井安小学；总投资 19.88 亿元，总占地面积 320 亩，总床位数 1500 张的浙北医学中心等项目已先后建成投用。整个改造工作不仅缓解了交通压力，更让城市面貌焕颜重生，彰显了湖州清丽本色，"在湖州看见美丽中国"的城市品牌进一步打响。

年型安置区改造焕发新活力

江西省井冈山市文明办

为深入推动全国文明城市创建工作，全力攻坚薄弱点位，进一步提升城区市容市貌，营造干净整洁、文明有序的生活环境，由井冈山市创建办牵头，在红星街道、厦坪镇、拿山镇、法院、城管局等网格化责任单位配合下，对照创建标准，按照小区创建要求，全面对年型安置区（城中村）进行高标准改造提升。年型安置区现有住房139栋，居民1946人，都是城区建设安置的村民，年型安置区入住率达100%，城中村乱停乱放、私搭乱建、乱种乱养、环境卫生脏乱差等问题突出。改造提升总投入资金1400万元，改造项目涉及道路白改黑、给排水管网、路灯照明、侧石改造、小区庭院改造、绿化提升等项目。改造后的安置区环境优美、设施便利，宜居程度得到很大提升。安置区的各种问题，通过上下联动，借力改造项目政策资源，激发居民内生动力，居民从"等靠者"变为"创造者"，使安置区焕发新活力。

一、基础设施改造

（一）小区路面白改黑。本次改造对139栋房屋之间的小区道路进行拓宽，由原先的泥土路面，统一改造提升为沥青路面，改造面积约 14000 平方米。

（二）道路侧石改造。原先无侧石护挡，泥水容易流到路面上，通过侧石改造，使绿化和路面更加分明，使小区环境更加美观。

（三）公共场所建设。经过改造，在小区合理布置规划亭子、草地、绿树相得益彰，是居民们休闲、小憩的理想场所。规划出一个休闲的集中活动场地，更新设施，美化环境，提升社区居民的生活品质，增加居民的幸福感。

（四）小区绿化提升。小区原有绿化带杂草丛生，缺株、种菜现象比较严重，经过改造，小区绿化茂盛。

二、开展环境整治

（一）集中力量攻坚。由市创建办牵头，相关单位配合，集中力量多次开展整治行动，重点处理小区内乱堆乱放、违章搭建、乱养家禽、卫生死角等问题，治理工作盲点。

（二）停车位改造。原先小区没有停车位，随着小区居民车辆数量增多，小区车辆无序停放，居民对解决停车问题的意愿非常强烈。在保通畅的前提下，现利用小区空闲地带进行道路拓宽、设置车位，总体设置机动车位 185 个，非机动车位 280 个。

（三）美化小区庭院。安置区普遍存在小区庭院乱堆乱放、杂乱无序的现象，严重影响小区整体环境。经过一系列整治活动、规划和打造，使环境更加整洁、美观、宜居，呈现出一道亮丽的风景线。

▲ 整治前的小区环境

◀ 整治后的小区环境

▲ 整治前的小区环境

◀ 整治后的小区环境

▲ 治理前的道路环境

▲ 治理后的道路环境

三、抓好长效常态管理

（一）常态开展巡查。为确保环境干净整洁、文明有序，网格化责任单位每天派出志愿者到城中村开展环境整治、文明劝导等全国文明城市创建工作。

（二）营造创建氛围。网格化单位在安置区合理位置将"讲文明树新风""图说我们的价值观"和"文明健康　有你有我"公益广告、疫情防控知识宣传布设到位，设置居民公约、市民公约、精神文明精神宣传栏等广告牌。

（三）做好入户宣传。街道、各社区和包干的责任单位对安置区开展入户宣传，组织力量分片包干，逐户宣传，做到栋栋走遍、户户见面，确保群众对创建工作知晓率、参与率和满意率达标。

（四）抓好疫情防控。激发群众参与安置区治理的活力，网格化单位牵头，居民积极配合，在抗击疫情的战役中，经过全新改造后的年型安置区建立起全方位、立体化的屏障，通过联防联控、群防群治的方式，为打赢新冠肺炎疫情防控阻击战注入了力量。

深入推进综合治理打造城中村样板

广东省深圳市文明办

广东省深圳市委、市政府高度重视，将城中村综合治理工作作为一项民生工程来抓，制定实施《深圳市"城中村"综合治理行动计划（2018—2020年）》，着力打造安全、干净、有序、和谐的文明新村和幸福家园，取得了显著成效。

水围社区位于深圳市福田区，面积25万平方米，主要由水围村及7个物业小区组成。其中，村面积23.46万平方米，已完成城市更新面积12.26万平方米；辖区共有房屋318栋，其中高层楼宇14栋，集资房多层住宅楼宇5栋，村民自建房299栋；共有房屋10960套（间），其中出租屋8617套（间）；社区内拥有居住人口约3万多人。

一、综合施策，打造"硬核"水围

一是强化基础设施建设。在水围村综合治理工作开展过程中，充分发挥了政府的公共服务能力、专业企业的开发运营能力和股份公司的基层治理能力。水围村内公共配套设施，由区政府投资，对管道燃气、给排水管网、供电系统、视频门禁、公共环境等配套设施进行升级改造，使得村内全面接通管道燃气、实现雨污分流、显著降低电力

▲ 村民屋旧照

◀ 村民屋翻新后

▲ 村内巷道旧照

◀ 村内巷道新照

▲ 水围国际社区改造前

▶ 水围国际社区改造后

▲ 水围国际社区改造前

▶ 水围国际社区改造后

负载率等。改造后的水围村安全系数显著提升，脏乱差问题得到彻底治理，实现了城中村更新由"拆除重建"向"综合整治"的模式转变。二是提升日常管理水平。通过政府引导，加以社会资源整合的方式，推进和完善了水围村物业管理，实现了水围村物业管理的全方位覆盖。主要针对垃圾分类、社区治安、三线治理、交通秩序、标识标线、食品安全等方面实施专业化管理。在完成公共基础设施硬件改造提升的基础上，加强常态化管理，有效巩固了城中村综合治理成果。

二、创新举措，治理成效显著

在开展城中村综合治理工作的基础上，结合人才住房建设需要，创新形成"综合整治＋统租运营＋人才公寓"的"综合整治＋"模式。一是在改造完善水围村内公共基础设施的基础上，联合村股份公司及企业，对水围村共29栋居民统建楼进行整租，升级改造成504套、15472平方米优质的青年人才公寓。其中，146户带封闭式厨房，358户带备餐操作台，主要户型为22.5平方米和32.5平方米。每户均带独立卫生间以及定制床、沙发、电视柜、书柜、书桌、储物柜等家私家具，并配备空调、热水器、冰箱等常用电器，实现拎包入住。二是为营造开放共享的社区环境，投资加建了电梯，在五层和七层设置了空中连廊，将原本独立的29栋村民楼连接形成纵横交错的立体街区，精心设计了可供洗衣、休憩的屋顶花园，打造成集聚会、会客、健身、影视、主题活动于一体的"青年之家"。三是将一楼商户统租后交由第三方商业运营体统一设计，全新打造成富有特色的1368商业街区，实现营商环境和人才社区"双提升"。

三、特色鲜明，示范效应凸显

水围村以水围青年人才公寓为试点，经过综合治理、精心打造，实现了隐患整治、环境提升、住房保障"三赢"，成为远近闻名的国际化社区，为广大来深建设者提供了优质的居住条件，也为推动深圳城中村人口结构和产业结构的转型升级发挥了良好的示范作用，形成了可复制、可推广的先进经验。中央电视台、南方日报、广东省电视台、深圳特区报、深圳卫视等多家媒体对深圳城中村综合治理的"水围模式"进行了广泛报道。

六　城郊接合部篇

以"绣花功夫"扮靓"美丽街区" 用文明行为共筑人民城市

上海市闵行区文明办

在上海市闵行区梅陇镇，有一处集 14 个居民区、10 座商务楼宇、6 个大型商场超市、3 家大型酒店、1 个交通枢纽于一身的明珠——中庚南方商圈。它东起莲花路，西至合川路，南临沪闵路，北靠平阳路，涵盖 13 条主次干道、1 条商业大街和 3 条背街小巷，面积约 70 万平方米。曾经的梅陇镇，数条地铁线交会，人流密集，流动人员多，硬件设施薄弱，街区管理难度很大。近年来，闵行区以"德厚闵行·文进万家"为理念，以创建全国文明城市为引领，聚焦"让街区更有序、更安全、更诚信、更文明"的精细化管理目标，使中庚南方商圈完成了硬件设施、管理水平、文化浸润的全面升级，从"美丽街区"到"诚信街区"，再到如今的"文明行为示范街区"，实现了从"形态美"到"内核美"的蝶变。

一、从外到内的硬件升级，打造宜居宜业的"美丽街区"

人民城市为人民。为提升街区环境，闵行区始终秉持老百姓缺什么我们就补什么，老百姓要什么我们就给什么的工作思路，结合"大调研""大走访"，深入了解社情民意，以解决市民群众在出行、购物、休闲、娱乐、安全等方面的需求为目标，充分整合各级各类资源，发挥周边企业主观能动性，先后投资近 2 亿元（其中企业出资 4800 万元），建成了长 1229 米的空中连廊，实现了各大商业体和交通枢纽的"连珠串线"，极大地改善了整个街区的交通环境；投资近 3000 万元（全部来自企业），建成了占地 8 万平方米、内设儿童乐园和下沉式广场以及健身步道的城市"绿肺"，实现了城区服务功能和生态环境的双升级；投入 600 余万元，进行了店招立面改造、人行步道拓宽和景观绿化重置；投入 160 余万元，新建警务室鹰眼，形成了高空鹰眼系统管高、无人机飞行队管中、实兵巡逻队管低的立体治安防控格局……架空线入地、停车诱导系统开发运用、街边雕塑小景打造、公共厕所升级等一系列的硬件改造，使这一片街区变成了宜居宜业的"美丽街区"。

二、共建共治共享，完善街区长效精细治理新模式

硬件设施的提升只是第一步，要想实现从"美丽街区"到"诚信街区""文明行为示范街区"的提升，关键在于形成一套科学有效、切实可行并能自我完善的街区治理机制。闵行区秉承"人民城市人民建"的精神，充分发挥社会自治共治作用，实现政府主导、社会参与、群众志愿、共治共享的治理模式。首先是以党建为引领，成立中庚南方商圈工作联席会议领导小组，成员包括政府管理和执法部门、居民区、周边重点企业、地铁站点、楼宇物业等单位的党组织负责人，由镇党委副书记任组长，宣传委员任副组长，每月召开例会，针对主

▲ 商圈党群服务中心"修齐讲堂"开展市民
读书活动

▲ 沿街小区围墙宣传（莲花路近沪闵路）

▲ 中庚漫游城社会主义核心价值观公益广告
与座椅景观融合

▲ 中庚漫游城内举行"辉煌 70 年，文明新风尚"闵行区市
民修身嘉年华暨修身线路体验活动

▶ 中庚漫游城内举行文明实践
"365"志愿服务活动

▶ 中庚南方商圈空中连廊

▶ 中庚南方商圈绿地公益景观
小品

要问题、重点工作、重要变化，共同研究完善街区治理制度和办法，实现管理效能不断升级；同时充分发挥党支部战斗堡垒作用，强调党员自律、党员在前，提升街区治理战斗力；成立包括市容、环卫、绿化、水务在内的街面网格管养、作业、巡检一体化队伍，形成条块联动、资源整合、重心下移、实时监督的管理模式，联合治安、城管、交警等多个部门，定期集中开展非机动车停放、垃圾分类等联合整治，全面提升了街面管理水平；以街区商户为主体，成立了自治组织"路管会"，实现商户对诚信经营、环境门责、消防安全等的自治自管，古美西路"路管会"荣获上海市十佳自律组织称号；以街区为单位，开展诚信商户"红黑榜"评选、诚信主题宣传、诚信景观打造、专项督查整治等"诚信示范街"创建活动……在各方的共同努力下，中庚南方商圈成了党员引领群众的志愿街、城市精细管理的最美街、市民满意的诚信品牌街。

三、以文化人文化浸润，建设人民喜爱的向上向善示范街

闵行区在中庚南方商圈精心打造"文明行为示范街区"，在环境育人方面，以原有雕塑、景观小品等为基础，先后投资 300 余万元，用于街区文化和文明宣传。以闵行历史文化和道德典型为主题，在莲花路等主要道路上打造人文梅陇文化墙；以社会主义核心价值观、闵行文明城区创建、闵行市民文明自律 16 条、文明小故事等为主题，在街区休闲座椅上嵌入文化宣传铜牌，使用新型纳米材料在商圈周边 200 个路灯灯柱、100 个电表箱上布置统一设计的宣传画面……整个街区形成了统一、协调且富有感染力的文化氛围。在活动育人方面，

由企业出资，在商务楼宇中建设 800 平方米的中庚百联党群服务站，并作为闵行区首批打造的新时代文明实践益空间，为周边楼宇、商业体、酒店和居民区的党员群众和白领提供免费服务，形成了"午间一小时"服务品牌，先后被授予闵行区楼宇党建示范阵地、楼宇初心学堂、工青妇团建基地等；在街区和公共广场先后承办上海市民修身展示嘉年华、闵行区文明交通宣传月启动、"我们的节日"七夕端午等市区各级宣传活动；定期配送"四史"学习、"三家"文化讲堂、修齐讲堂、高雅艺术进社区等文化活动百余场，极大地丰富了市民群众的文化生活。在实践育人方面，发动周边居民区和 30 余家单位，组成了 200 余人的文明引导志愿服务队，每天上、下午两个时间段，安排志愿者值守在主要交通路口、商场出入口、商业街区和广场上巡逻，对广大市民和游客开展文明购物、文明用餐、文明出行的引导和服务，并对不文明行为进行劝阻。中庚南方商圈每年接待近万名来自全国各地的游客参观、购物，作为市民必到的文明修身打卡点，闵行区积极组织线上线下修身活动，引导市民在"游中学、学中践"。

打好城乡环境整治大会战

山东省淄博市文明办

近年来，山东省淄博市按照中央、省文明办统一部署，坚持城乡文明创建一体化发展，注重顶层设计，把城郊接合部整治提升作为全国文明城市创建的突破口，在全域范围内实施城乡环境大整治"七大会战"，推动构建全域创建工作格局，让城乡居民共享文明创建成果。

一、一把手挂帅，下好城乡环境攻坚"一盘棋"

市委、市政府把城乡环境整治作为"一把手"工程，按照"城乡一体、全域整治，统筹推进、高标提升"的总体思路，聚焦解决各类城乡环境脏乱差问题，出台《全市城乡环境大整治精细管理大提升行动总体方案》，成立领导小组，市委书记、市长任组长，市委常委、副市长任副组长，市直部门主要负责人任成员。推行"路长制"管理制度，市委、市政府主要领导带头，建立市、区县、镇办、村居四级路长（街长）组织体系，对责任路域定期巡查，促进路域环境整改提升。建立市领导挂包镇办督查巡查工作制度，15位市领导、15个全国文明单位及立项全国文明单位挂包主城区15个镇办，每个镇办成立工作专班，其他区县和镇办参照建立挂包制度，对创城工作实行网格化管理，班子成员分片区挂包，推动城乡环境整治无缝隙全覆盖。

二、拉网式巡查，建好问题查摆整改"一本账"

市委、市政府主要领导多次采取"四不两直"方式对城郊路域环境、农村环境等整治情况暗访督导，推进问题整改，针对城乡环境大整治专门批示 11 件（次）。市创城办将城乡接合部各实地测评点位分为 A、B、C、D 四类，A 类为达标点位，B 类为基本达标点位、限期一周整改，C 类为不达标点位、限期一个月整改，D 类为基础条件差、存在硬伤需长期治理的点位，组织各镇办对本辖区内四类点位进行全面自查，分类制定整改清单、责任清单、完成时限。成立文明城市创建工作指挥部，抽调人员组建 10 个实地督导组，采取暗访形式，每天到市区城郊接合部位发现问题、督办问题，建立问题、责任、整改情况"三张清单"，实行台账式销号管理，定期开展问题"回头看"。坚持每日督查、每周通报、每月调度工作制度，商讨解决重点难点问题，研究推进落实措施，督促加力整改。

三、靶向式突破，打响城乡环境整治"七大会战"

市委、市政府制定了"1+7"总体方案（行动总方案 +"七大会战"实施方案），具体从 7 个方面聚力攻坚。实施农村环境综合整治大会战。聚焦解决农村旱厕改造、污水治理、村庄清洁、城乡环卫一体化以及房前屋后脏乱差存在的突出问题，集中开展农村人居环境、厕所改造、美在家庭创建等农村人居环境专项行动，共清理"三大堆"32

▲ 淄博市周村航校铁路沿线整治前

◀ 淄博市周村航校铁路沿线整治后

▲ 淄博市经开区傅家镇房家农贸市场整
改前

◀ 淄博市经开区傅家镇
房家农贸市场整改后

▲ 淄博市张店区房镇镇文体公园

万余处，清理残垣断壁 22 万余处，整修厕所 5 万余个，创建美在家庭 8974 户。实施路域环境综合整治大会战。聚焦解决城乡道路扬尘污染严重、存在漏管失管区域、路面破损较多、道路周边绿量不足、沿线环境脏乱差等突出问题，集中开展"四个到位本色行动"，大力推进"以克论净、深度保洁"，共清理路域垃圾 306 万余立方米、硬化平交道口 4246 处。实施裸露土地专项整治大会战。聚焦解决城乡接合部裸露土地较多、因裸致脏、由露扬尘等突出问题，开展"百日绿色行动"，采取绿化、覆盖、硬化、清运等措施，全面消灭裸露土地，共整治裸露土地 8133 块、2552 万平方米，整治裸露树池 161752 个。实施建筑工地扬尘整治大会战。聚焦解决房屋建筑施工工地、园林绿化、燃气热力、建筑拆除等领域扬尘问题，成立房屋建筑、市政园林绿化、燃气热力 3 个专班，采取通报、停工整改、经济处罚、约谈等措施，强力倒逼整改，出动人员 38675 人次，检查建设工地 29292 个（次），整改问题 14954 个。实施工业企业扬尘整治大会战。聚焦工业企业物料堆场管理粗放、管控措施不到位等突出问题，强化扬尘管控，加强检查摸排，并把积尘负荷和在线数据超标作为考评依据，摸排问题点源 7091 个，完成整改 6979 个。实施矿山开采及生态修复工地扬尘整治大会战。聚焦解决露天矿山开采、已关闭矿山生态修复等工地扬尘污染问题，开展绿色矿山建设，全市 12 处正常生产的露天矿山全部纳入绿色矿山名录；已关闭矿山生态修复工地覆盖扬尘网 249.49 万平方米，清理矿坑垃圾 3.18 万余吨。实施移动污染源整治大会战。组建 10 支 24 小时联合执法队伍，实行"一次拦停、多项检查"。检测货车尾气 6 万辆次，查处渣土车违法行为 10477 起，查处超标车辆上路行驶 5822 起，查处超载 30% 以上违法行为 14780 起。

四、动态化考评，展开镇办树标夺标"擂台赛"

发挥考核的"指挥棒"作用，建立对 8 个区县、3 个功能区以及 90 个镇办（园区）的城乡环境整治综合考评体系，考评结果纳入 2020 年度区县经济社会发展综合考核（分值 100 分，权重 8%）、文明村镇评选（分值 15 分，权重 15%）、主城区镇办文明创建工作考核（分值 20 分，权重 20%），实行一月一考评、一排名、一通报、一公示。引入北京数字政通和济南讯弛两家第三方测评公司，每月对 90 个镇办的农村环境、路域环境、裸露土地、在建工地整治情况进行测评，每月对村居社区抽取 17.5% 样本，半年全覆盖一次，对道路和在建工地抽取 35% 样本，每季度全覆盖一次。实行文明城市创建问题清单交办和提醒制度，交办的问题不能按期完成的，第一次提醒，第二次警告，第三次在年底测评中给予责任单位 10—20 分扣分，第四次撤销文明单位、文明村镇荣誉称号，促进问题整改到位。

五、立体式宣传，打响城乡环境整治"全民战"

开展媒体集中宣传，在市属媒体重要版面、主要时段开设城乡环境整治专栏专题，7 家市牵头部门主要负责人接受媒体采访，向社会公开承诺。选树典型示范宣传，主要是各区县、镇办的典型做法。组织市主要媒体深入区县、镇办暗访，曝光反面问题，在淄博市电视台、《淄博日报》等媒体开设曝光台，对工作进展不利和群众反映的问题进行曝光，促进问题整改。会同市电视台组织城乡环境大整治《淄博问政》特别节目、路域环境整治《淄博问政》特别节目，11 位区县（管委会）主要负责人在线接受问政，引起社会强烈反响。利用微博、微信等自媒体，积极开展城乡环境整治宣传进社区、进学校、进家庭活动，全市发放倡议书 22 万余份，悬挂宣传条幅 1.8 万余条，出台宣传车 1.5 万余台次进行巡回宣传。开展"市民通"有奖举报活动，鼓励群众及时发现举报身边的环境问题。组织机关事业单位带头开展"周末全民义务大扫除"，发动部门单位、个人开展城乡公共区域、集贸市场、农村等 8 个方面的环境卫生大扫除活动，打一场全社会广泛参与的城乡环境整治"全民战"。

"龙须沟"变形记

——"8+8"文明共建打通城乡接合部蝶变"最后一公里"

重庆市巫溪县文明办

北门沟位于重庆市巫溪县宁河街道人民社区，面积0.1平方公里，户籍人口1716人，居民绝大多数为高山移民和进城务工人员，属典型的城乡接合部。城乡接合部，又称城市边缘地区，与中心城区相比，这里的环境更容易被人忽视，人员结构相对复杂，市民文明意识相对欠缺。曾经的北门沟垃圾成堆，人畜粪便直排大宁河，臭气熏天，蚊虫成片，是集脏乱差于一身的"牛脑壳"片区，群众怨声载道，信访问题突出。

2008年以来，北门沟在全国文明城市创建大背景下，依托"8+8"文明共建新模式，创造性地建立以网格党小组和居民自治小组为核心的骨干组织，用共同的梦想凝聚人心，用榜样的力量浸润民风，用群众的办法治理社区。

一、把资源整合到网格中

巫溪县将县城划分为120个网格单元，北门沟属于其中之一。每个网格责任区域落实县领导、街道领导、街道驻社区干部、社区干

▲ 创建前的北门沟，臭气熏天，居住环境差

▲ 创建后的北门沟，环境优雅，百姓安居乐业

▲ 创建前的北门沟，污水横流，垃圾遍地

▲ 创建后的北门沟，鸟语花香，令人心旷神怡

▲ 创建后的北门沟夜景，美轮美奂，夜间散步好去处

部、网格单位责任人、环卫工人、义务督查员、网格党小组组长等 8 类人员，共同做好所辖网格区域环境卫生整治、绿化管护、四害防治、基层组织建设、居民宣传教育、走访接访群众、解决困难问题、开展群创活动等 8 项工作，实现事务"一网打尽"。

二、把组织扎根在社区中

北门沟积极探索城市基层党建网络和城市创建网格"合二为一"，实现阵地共享、人员共通、活动共融。网格单位党组织和北门沟党组织联合做到"四个一"，即每个月共过一次组织生活、相互通报一次情况、认领一批需求清单、解决一批困难问题，实现"机关与社区、干部与群众、党员与组织"的三重互动，以党建带创建，以创建促党建，做到"双轮驱动""同频共振""相向而行"。

三、把问题化解在萌芽中

北门沟紧紧围绕建设和谐家庭、和谐小区、和谐社区的"三和"目标，采取"德法相依"措施，开办"陈大姐和事堂"，建立群众身边的"道德法庭"，解决群众日常生活中遇到的"柴米油盐酱醋茶""衣食住行水电气"等问题；建立健全居民自治管理制度，推进基层民主决策机制的落实，形成"大事一起干，好坏大家判，事事有人管"的自治格局，真正把矛盾化解在萌芽，把问题解决在基层。

四、把群众凝聚在建设中

以建设文明示范区为目标，北门沟居民自荐成立自治小组，常态化开展"最美庭院""最美婆媳"等评选活动；采取送绿上门、送花到户的形式，引导居民绿化、美化环境；以文化活动和文艺作品，引导居民提升自身素质和文明素养，组织群众创作居规民约《七字歌》、快板《北门沟感恩词》等文艺作品，让群众说身边事，演身边人，颂身边情，既丰富群众文化生活，又提升居民文化品位和文明素养。组建 10 支群众志愿服务队伍，常态化开展关爱老人、儿童启智、社会秩序维护、环境保护、文艺进院坝等志愿服务活动，极大地提高了居民文明素质，激发了群众共建新家园的热情。

如今的北门沟修缮了古城墙，新建了风雨廊桥，铺砌了大理石路面，补植了黄桷树、银杏、桂花等植物，与大宁河相映成趣，不仅环境优美，而且邻里和睦。北门沟从"小桥流水人家，苍蝇蚊子乱爬"的"龙须沟"蝶变为群众的幸福园，昔日的"臭水沟""撂荒地"蝶变成如今的网红景区景点，曾经的老上访户成为热心的居民自治小组领头人。北门沟的蝶变，启示我们只要不忘初心、牢记使命，坚持创建为民、创建靠民、创建利民，就一定能把文明城市创建中最薄弱的"短板"、最差的"底板"——城乡接合部，建设成为人民群众宜居、宜业、宜乐、宜游的"幸福园""示范园""小康园"。

七　交通路口篇

"治、管、建、导"聚合力
文明交通亮出新颜值

天津市和平区文明办

　　天津市和平区作为天津市中心城区的核心区，人口密度超过 3.5 万人 / 平方公里，人口数量大、密度高、流动性强，交通管理压力突出。作为连续保持"创文五连冠"的首届全国文明城区，和平区始终将文明交通建设作为文明城区创建的重要一环，通过深入推进全国文明城区巩固提升专项行动，全力打造"治、管、建、导"文明交通"和平模式"，让文明交通融入城市肌理，增强了人民群众的获得感，受到各方点赞。2019 年，辖区全线非机动车守法率达到 95%，行人守法率达到 91%。交通警情、交通事故案件和交通报堵量同比分别下降 7%、9%、46%。

一、抓整合促治理，"点线屏"组合强效果

　　充分用好《天津市文明行为促进条例》这一"利器"，坚持抓"点"、连"线"、借"屏"组合拳治理思路，严管严治各类不文明交通违法行为，以法制硬约束促进交通文明环境软提升。一是抓"点"立规。

将南京路沿线 8 个交通路口作为严管示范路口，逐口确定"人不斜穿、停车两线"的秩序管理标准，强化对非机动车、行人不按规定通行等各类交通违法的治理，实行首违必罚、上限处罚，借助《天津市文明行为促进条例》让执法"硬"起来。二是连"线"示范。在严管示范路口通行秩序不断改观的基础上，坚持同标准同力度，将管理模式向全域全线延伸，有效破解了中国式过马路、机动车礼让率不高等不文明交通顽疾，市民文明交通守法率显著提高。三是借"屏"造势。在全市率先启用"不文明行为显示屏"，借助人脸识别智能抓拍系统，对行人或非机动车交通违法信息进行自动捕捉，并在电子显示屏上滚动播放，通过让不文明者面子上"难堪"，心理上"难过"，倒逼市民文明交通习惯养成，达到"纠正一个、教育一片"的效果。自 2019 年 5 月以来，辖区交通执法部门累计出动警力 8000 余人次，开展执法检查 400 次，责令整改 200 余件，累计查处各类不文明交通违法行为 24 万余起。

二、抓重点促管理，精细管理创品质

加强对共享单车等"特殊群体"文明交通管理，区文明办联合交管和平支队、区城管委等相关单位形成合力，采取有效措施，共同督导共享单车企业做好运维管理工作。一方面严管共享单车乱停放。组织相关单车企业开展规范性共享单车停放区域施划，在辖区施划标准化单车停放点位 689 个。同时，强化治理共享单车过量投放、占压机动车道、侵占公交站等候区域、影响行人正常通行等问题，责令相关企业推行"5 分钟响应，30 分钟整改完毕"应急管理机制，倒逼企业

▲ 共享单车有序摆放治理前

◀ 共享单车有序摆放治理后

◀ 借"屏"造势，倒逼市民文明
交通习惯养成

▶ 智能声呐让马路"安静"下来

▶ "可变车道"辅助快行打通
交通"肠梗阻"

▶ 志愿服务倡导"文明交通
新风尚"

强化运维管理，促进共享单车规范有序发展。另一方面加大共享单车骑行人逆行闯红灯等不文明交通行为惩戒力度，向共享单车运营企业转递骑行人交通违法行为信息，实施联合惩罚，加大违法骑行人用车成本。

三、抓建设促创新，科技支撑刷新"高颜值"

持续加大交通路口硬件建设投入，在全市首创应用声呐采集系统、智慧斑马线和可变车道，创新运用新技术手段，提升交通出行效率。一是声呐采集收实效。在南京路与营口道交口、南京路与鞍山道交口等重点路口安装了新型违法鸣笛声呐采集系统，增设交通安全提示语电子显示屏幕，强化违法鸣笛抓拍取证、警示曝光，形成"车等人，不鸣笛"的和谐场景，让南京路"安静"了下来。二是智慧斑马线促规范。在南京路与营口道交口投入使用了新型智慧斑马线，在现有人行横道线、机动车停止线布设太阳能发光地砖，地砖颜色随行人过街交通信号转换，既有效规范了行人过街秩序，又及时提醒机动车礼让行人，保障了行人通行安全。三是"可变车道"辅助快行。针对南京路与山西路交口交通拥堵易发的情况，在该路口西进口增设了"可变车道"交通标志牌、"可变车道"LED 智能电子显示屏，根据早晚高峰交通流量情况，及时对直行、左转车道进行动态调整，最大限度利用每条车道，减少车道空置率，提高通行效能，避免"加塞"等不文明交通行为发生。

四、抓品牌促引导，文明实践助养成

持续巩固深化"文明交通志愿者""文明童行"等交通文明引导活动。在全区机关干部、在校大学生、热心市民中招录 300 余名文明交通志愿者，在市区 50 余个重点路口常态化开展文明交通志愿服务和交通安全宣传工作，志愿者们身着统一标志服装，手举交通指挥旗，在路口通过手势、言语劝导等方式，对行人闯红灯、不走人行道、横穿马路、驾驶非机动车逆行等行为进行耐心劝阻和引导，为市民传播文明交通正能量。以全区中小学校为主要载体，开展"文明童行"专项行动，建立"1+N 朋友圈"文明交通宣教工作模式，利用班级家长微信群，开通文明交通"微警示""微课堂""权威发布"，将文明交通常识向在校师生及家长进行推送，将文明出行意识由未成年人向身边家长传递，涵盖全区各类班级微信群千余个，受众超 10 万人，实现文明交通家校携手、小手拉大手。

文明创建让城区道路有颜有魂

天津市河西区文明办

近年来，天津市河西区以习近平总书记对天津工作提出的"三个着力"重要要求为元为纲，把提升全国文明城市建设品质作为重中之重，全力推进主次道路沿线城区文化品质建设亮点工程，持续加强生态修复、城市修补、交通优化，为文明城区建设不断注入新活力。

过去，部分道路沿线存在景观总体效果不佳、广告牌匾品质不高，建筑立面、地面铺装老旧破损，市政环卫设施陈旧等问题。为打造美观亮丽的道路环境，结合文明城区创建工作，河西区围绕六大重点对全区主次干道进行提升改造，补齐民生和城市建设管理工作的"短板"，进一步融入地域文化特色，展现城区良好形象。

一、做好增植补绿，为城区道路"披外衣"

针对解放南路等部分道路沿线绿化形式单调、道路两侧部分乔木出现老化、绿地面积不足等问题，河西区启动园林绿化景观提升行动，积极推进绿化美化提升工作，构建以复合型功能为主体的网络化绿地系统，大力推动垂直绿化、屋顶绿化、公园绿化，充分考虑市民视觉、听觉、嗅觉上的感受，采用变化与统一、韵律与节奏、对比与调和的美学原理，将形态各异的乔、灌、花、草及藤本植物进行艺术组合，做到植物配置合理、层次得当、景观优美，形成"一步一景"的道路绿化景观。2019 年，河西区栽植乔木 1440 余株，花灌木 2 万余株，北海道黄杨 100 余株，野牛草 7000 平方米，二月兰 1.5 万平方米。清除各类废物 1600 余车，丰富了植物品种，改善了绿化环境，提升了道路绿化景观水平。

二、注重修复提升，为城区道路"壮骨架"

河西区友谊路沿线集聚天津大礼堂、国展中心、友谊商厦、水晶宫等会展机构、宾馆酒店、金融机构，高楼繁华，可穿插其中的新会里、服务楼、四化里、环友里、轻纸楼等居民区建造时间长、基础设施老化、环境较差。河西区启动老旧小区及远年住房改造工程，实施电梯、消防、路灯、围墙等 11 项安全类改造项目和楼道灯、信报箱、墙面等 30 余项功能性改造项目，从"房屋使用安全、配套设施完善、管理服务优化、环境景观舒适"四方面为老旧建筑"强筋壮骨"，同时对私搭乱盖、乱圈乱占、乱贴乱画、废旧自行车等问题进行集中处理，也为城区道路增添了新的生机与活力。

三、大力优化交通，为城区道路"通经脉"

黑牛城道、紫金山路等道路作为城区主干道，交通流量比较大，不文明交通行为易形成高峰拥堵，成为市民关注问题。河西区以实施文明交通专项行动为重点，不断优化交通组织、强化秩序管理，通过

◀ 提升改造前的友谊路与宾水
道交口

◀ 提升改造后的友谊路与宾水
道交口设置的社会主义核心
价值观公益广告

◀ 提升改造后的友谊路与宾水
道交口增设"不忘初心　牢
记使命"大型主题景观

241

▶ 绿化美化提升改造后的友谊路与宾水道交口（航拍图）

▶ 友谊路沿线利用景观花架、交通隔离栅栏等布置"文明健康 有你有我"主题公益广告

▶ 地铁施工期间优化交通组织，缓解道路拥堵

增设调整信号灯、调整路面标线，治理违法停车、机动车不礼让行人、行人横穿等不文明行为，保证道路通行文明，顺畅有序。在友谊路与宾水道交口设置天津首个女子交警岗组，开展一系列文明交通专项行动和形式多样的文明交通宣传活动，成为"友谊路上一道亮丽的风景线"。

四、着力美化环境，为城区道路"增颜值"

原来沿街商铺门口放置了垃圾桶，虽方便垃圾收集，但不利于分类投放和减量，还影响道路整体景观效果。河西区以友谊路沿线为试点启动了"垃圾不落地"工作，商户门前不再设置垃圾桶，改由垃圾车每天4次定时收取、清运。道路沿线企事业单位、个体工商户、经营窗口签订《门前三包责任承诺书》，划分网格，定人、定岗、定职、定责，开展24小时巡查监管，对落实到位的商户授予"门前三包落实示范商户"荣誉奖牌……一系列举措让"垃圾不落地"成为现实，既推进了垃圾分类，避免了垃圾长期放置导致异味的问题，更美化了道路周边整体环境。

五、加大文明宣传，为城区道路"添内涵"

针对部分道路两侧宣传设施偏少、公益宣传氛围不浓的问题，河西区专题研究制定重大主题和公益广告宣传工作方案，坚持高标准、严要求，科学设计，巧妙布局。在友谊路沿线制作了《拱卫核心》《乘风破浪》《党旗飘扬》等党的十九大主题大型景观，并利用沿线电子显示屏、景观花架、路边绿地，交通隔离栅栏、公交站牌、路名牌等现有设施，布置"社会主义核心价值观""讲文明树新风""文明健康 有你有我"等主题的公益广告。通过全区道路各类宣传载体的不断搭建，城区文化内涵进一步凸显，文明宣传氛围日益浓厚。

六、开展公益行动，为城区道路"强保障"

城市的文明体现在每一位市民身上，河西区建立健全了政府主导、公众参与、各方配合的文明行为促进长效工作机制，推动《天津市文明行为促进条例》深入人心，成为自觉行动。以志愿服务为统领，设置社区学雷锋志愿服务站、窗口单位学雷锋志愿服务岗和天津V站学雷锋志愿服务岗，各岗志愿者在早晚高峰时段和节假日走上街头，开展文明交通志愿服务活动，引导市民维护城区道路环境卫生，遵守交通规则，摒弃不文明陋习，使城区良好的道路环境更可持续、更有保障。

交通路口绽放文明之花

河北省石家庄市文明办

近年来，河北省石家庄市在全国文明城市创建工作中大力开展交通路口整治行动，积极践行"以人为本，方便出行"的工作理念，按照《城市道路交通文明畅通提升行动计划（2017—2020）》要求，在规范交通设施、严格路面管控、开展教育引导、广泛宣传提示等方面持续发力，用"绣花的精神"，精心疏导交通、精准治理拥堵，进一步提升城市道路交通治理水平和快速通行能力。

一、夯实基础，交通设施建设迈上新台阶

对照国家建设标准，全面规范交通基础设施建设，科学优化城市道路交通路网，精准设置交通路口标志标线，正确引导市民安全快速出行。一是提升交通设施规划水平。在主次干道完善机非分离、人车分离等物理隔离设施，全市共安装道路中心、机非、便道护栏 18.5万米，实现了行人、非机动车、机动车各行其道，通行空间有效分离。2018 年以来，新增机动车禁停标志 439 块、标识牌 2040 套。同时，根据不同路段需要，设置潮汐车位、免费车位以及 3 分钟、15分钟临时车位等，共设置各种车位 20000 余处，有效缓解了部分路段

停车乱、停车难问题。二是实行重要路口"一口一策"。按照不同路口的通行需要，分类别划分各种区域，避免逆行、闯红灯、越线停车等交通违法行为的发生。根据路口交通流量流向需求，合理配置交叉口进口导向车道数量，设置直右共用、可变车道、借道左转等车道，进一步提高交通路口空间利用率和通行率。三是合理设定信号通行时间。合理设置行人安全岛、驻足区等二次过街以及"蓄水式"放行等交通组织方式，推广使用行人二次过街信号控制方式，实行机动车右转指示信号灯控制、非机动车信号灯先启等方式，解决机动车与非机动车通行交织冲突问题。

二、严格执法，整治交通违法取得新进展

坚持严管严控，制定出台重点举措和最严交规"双20条"，完善处罚机制和技术手段，坚持学罚结合，提高交通参与者守法意识。一是"人脸识别"显神通。从2018年6月开始，公安交管部门积极推动"人脸识别"系统推广应用，实现了对行人闯红灯交通违法行为的自动抓拍，对于违法事实成立的本市人员进行处罚。同时将违法行为在路口大屏滚动播放，予以曝光。目前，共曝光违规人员444人次，处罚275人次。二是"三选一"方能过岗。对行人和非机动车违法行为亮出"三招"。"第一招"接受现金处罚；"第二招"抄写交通安全常识并签署承诺书，现场接受交通法规教育；"第三招"协助交警义务值勤半小时，参加交通实践活动。违法者三项选其一，否则不过岗。每年查处行人交通违法1.6万余人次、查处非机动车交通违法3万余人次，形成了强有力震慑，打造了路口井然有序的通行秩

▲ 中华大街和平路口整治前

◀ 中华大街和平路口整治后

◀ 中山路和育才街交口，标志
标线清晰，秩序井然

▶ 闯红灯的非机动车驾驶
人接受"三选一"处罚

▶ 中山路和育才街交口，
施划清晰的非机动车和
行人待行区

序。三是文明单位受影响。将遵守交通法规情况列入党员日常教育管理的重要内容，作为文明单位评比考核条件。所有接受处罚人员全部进行实名登记，凡是不遵守交通法规，受到公安交管部门处罚的党员干部，由其所在单位党组织视情况采取批评教育处理措施，并记录在案，列入党员民主评议内容。本人及所在党支部不得在当年参评本单位、本系统"优秀共产党员""优秀党组织"评选活动。被公安交管部门处罚三人（次）以上的单位取消参评文明单位资格或摘牌。

三、全员发动，文明交通创建形成新共识

公安交管部门组织协警、协管员、保安、党员志愿者、社会公益组织、驾校学员等，共同参与文明交通引导工作。一是党员志愿者率先垂范。每个月第一个周六为"党员志愿服务日"，全市机关事业单位党员干部，在志愿服务日轮流到市区各交通路口，协助交警引导行人出行，维护交通秩序。近3年来，党员志愿者参与交通志愿服务活动近45万人次，充分发挥了党员的先锋模范带头作用。二是社会各界广泛参与。积极动员社会各界力量，发动辖区办事处、学校、公益组织等，参与文明交通创建活动，近年来社会各界志愿者有近20余万人次参与交通路口志愿服务活动，形成了人人参与、共创共建的良好局面。三是共建单位定期参加。公安交管部门和石家庄市大中院校建立共建单位，发动院校学生有组织、成建制到重要路口参与交通秩序维护。近年来，共建单位、驾校学员有100余万人次参与交通秩序整治，起到了很好的社会效果。

四、营造氛围，宣传文明交通呈现新气象

　　宣传落实《石家庄市公共文明行为条例》，线上线下同时发力，全方位、多角度、深层次开展文明交通宣传活动。一是加大媒体宣传力度。广播、电视、报纸等开设《天天说交通》《交管直播间》等专题专栏，宣传交通法规和文明行为，组织专家对交通事故案件进行分析，提高交通出行人文明交通和安全出行的意识。公安交管部门利用官方"双微"平台、抖音、快手等新媒体实时进行文明交通宣传，赢得了社会大众广泛认同。二是扩大社会宣传范围。利用商业 LED 大屏、沿街电子显示屏、楼宇电视等载体滚动播放《最严交规 20 条》等内容；在市区重要路口设置公益广告，配备宣传展板和宣传品，利用广播喇叭，循环播放交通文明知识，提醒行人、非机动车等，进行文明交通宣传。公安交管部门 15 辆交通宣传车、移动抓拍车在全市主次干道流动巡逻，循环播放交通教育宣传片，抓拍行人、非机动车交通违法行为。三是丰富宣传活动形式。开展文明交通"七进"活动（进企业、进校园、进机关、进社区、进农村、进家庭、进公共场所）。组织开展交通违法和不文明交通行为"随手拍"活动，实行举报有奖，平均每年群众举报 4500 多起，有力促进了交通秩序好转。

主动作为创新管理　打造文明交通示范路口

广西壮族自治区桂林市文明办

近年来，广西壮族自治区桂林市公安交警部门按照习近平总书记提出的"政治建警、改革强警、科技兴警、从严治警"的新时代公安工作 16 字方针，结合全国文明城市创建工作，聚焦主要交通路口的行人、非机车闯红灯，非机动车不各行其道、逆行以及汽车不礼让斑马线、乱停乱放等"交通顽疾"，坚持长效管理和创新提升，积极打造以秀峰区丽君路口为代表的一批"文明交通示范路口"，取得了较好的工作成效。

一、创新勤务管理模式

一是推行路口包联责任制，由辖区交警大队领导、片区中队长分别担任巡长、点长，落实勤务定岗制度。交通高峰期和平峰期，分别由 1 名责任领导、3 名辅警、多名交通安全劝导员和 1 名以上警力，负责管理路口交通秩序，严查各类交通违法行为。二是每天调取、抽查前期路口视频，记录路口交通违法类型、起数，每周形成路口管理情况通报，指出问题，提出改进意见。三是每周召开创城交通秩序长效管理点评会，对各重点路口管理效果进行综合评比排名，每月颁发创城交通秩序长效管理"流动红旗",并落实各项绩效考评、评优评先等奖惩措施。

二、创新交通违法查纠方式

在各主要路口设置交通违法学习教育点,由行人、非机动车违法当事人选择抄写交通法规、保证书,站街参与交通劝导,或者接受罚款处罚。对机动车违法停车行为,除对车辆采取拖移措施外,还大范围采取锁车器对违停机动车予以锁定,交通违法当事人在接受处罚前,也集中组织开展文明交通学习教育或者参加路面劝导活动。从 2017 年起,交警部门全面启用城区电子监控设备,坚持开展对机动车不礼让斑马线的"视频会战",整治效果十分明显,机动车不礼让斑马线查处量由 2017 年的将近 13 万起下降至 2019 年的 1 万余起。同时,定期将处罚公交车、出租车以及公务车辆违法信息转递至交通部门和相关单位,提高违法成本,形成叠加惩处效应。

三、创新文明交通劝导工作

近年来,交警支队联合市文明办、市道路运输管理处出台《桂林市机动车驾驶学员参与文明交通教育实践活动实施办法》,将实地开展体验式文明交通劝导活动作为机动驾驶培训和考试的一项课程内容固定下来。还联合多部门下发文件,将活动课程次数和时间延长,进一步提升学员的知晓率与参与度。目前,全市已超过 50 万名学员参与了活动,学员在自身受到文明交通教育的同时,也积极影响和带动

◄ 整治前的交通状况

◄ 整治前的交通状况

▶ 整治后的交通状况

▶ 整治后的交通状况

其他交通参与者和身边广大群体践行文明交通行为，活动得到社会各界的一致好评。

四、创新路口交通组织方式

对老城区道路基础条件有限、交通流量大、人车混行、交通拥堵情况较为突出的交通路口进行精细化管理。一是时间上"分秒必争"。对路口信号灯进行动态配时及相位优化。二是空间上"寸土不让"。对路口进行精细化设计，尽可能利用路口安全区域，将非机动车等待区整体前移，施划彩色地面涂料，设置非机动车直行、左转等待区。针对丽君路口等老城区路口部分非机动车驾驶人在路口反向骑行经过斑马线掉头的现象，对路口进行了精细化改造，在人行横道和机动车停止线之间设置非机动车掉头专用车道，在车道内施划非机动车标示、导向标线，并在路口机非隔离带上设立提示标牌，提醒过往机动车注意让行。三是措施上"精雕细琢"。利用交通标线和隔离设施合理渠化交通等措施，规范路口车辆通行秩序，提高路口蓄车能力和通行效率。四是宣传上"无微不至"。在路口行人过街红绿灯显示屏处设置文明交通提示字幕，播放文明交通温馨提示广播，推动文明交通理念入脑入心。

通过公安交警部门坚持长效管理、综合施策，目前，秀峰区丽君路口等老城区交通路口机动车守法率达到100%，非机动车、行人守法率和机动车礼让率达到98%以上，文明交通出行良好风尚在路口蔚然成风。

牵住交通路口"牛鼻子" 畅通城市内循环

重庆市合川区文明办

交通是城市的大动脉，承载着城市发展的方向，也是城市文明程度的体现。自全国文明城市创建工作开展以来，重庆市合川区坚持为民利民惠民，全民共创、全民共享，及时回应群众关切，策划实施"畅通城市内循环"项目，打造内畅、智慧、文明的交通环境，牵住交通路口"牛鼻子"，不断提高公共交通服务能力，整体路网平均速度提高 9.8%，通行时间缩短 22.7%，高峰持续时间减少 19.5%，城区交通路口及周边区域事故发生率降低 70%，市民对交通出行满意度从 2018 年的 80.6% 提升到 2020 年的 96.4%。

一、疏通毛细血管，打造畅通路口

以交通微循环和道路改造为突破口，疏通城区主次干道之间的"毛细血管"，让城市交通能够健康循环。一是清除路口阻点。不断清除交通梗阻点，促进交通微循环。对国道 212 线新客运中心段、合肖路江润段等 13 个路口进行拓宽改造，对草厅巷等 14 条背街小巷按照"平、净、齐、绿、亮、美"的标准进行升级打造，新增停车场 3处，智慧停车一期 1200 个车位投用，道路的承载能力和通行效率大幅提高。二是打通路口断点。加大市政道路建设投入，以打通断头路

▲ 合川区学府路延伸段断头路打通前

◀ 合川区学府路延伸段断头路
打通后

▲ 文明劝导志愿者为市民提供帮助

▲ 志愿者常态化在各路口引导行人文明出行

▲ 合川区博萃大道断头路打通前

▶ 合川区博萃大道断头路打通后

▲ 合川区学府路延伸段断头路打通前

▶ 合川区学府路延伸段断头路打通后

为"点"，连通城区主次干道为"线"，畅通城市交通脉络。打通学府路延伸段、新风路等5条断头路，畅通学府路与涪滨路、希尔安大道与南园路等处的连接通道。建成涪江四桥右侧匝道，连通涪滨路。三是疏通路口堵点。在人车流量较大的双控路口设置地下通道或人行天桥，切实解决人车混行问题，新建下什字、东渡大桥西侧、城北宝龙3处人行天桥，新建财富广场、客运中心2处地下通道，实现人车分流。在义乌大道、合阳大道汽摩中心等4个路口设置交通环岛。建设白鹿山立交桥，新增3条匝道，彻底改善该片交通环境。

二、运用科技手段，打造智慧路口

依托智能交通系统，做好深度运用的文章，对各路口实行智慧、精细管理。一是交通配时优化。对部分易堵路口实施交通信号灯自适应改造，区分高峰、平峰时段调整信号灯配时方案，完成希尔安大道、合阳大道、书院路等主干道路交通信号"绿波"协调控制。二是交通设施人性化。针对部分路口过街行人较少、右转车流量大的问题，将44个路口交通信号"箭头灯"换为"圆盘灯"，补建、新建21处路口交通信号灯及电子警察，安装168套一体式人行信号灯，通过LED字幕及语音对过街行人进行交通安全提示，在城区人行横道线前方配套设置机动车礼让行人标志和路面提示文字1056组，增设68处违停自动抓拍设备。三是重点路口渠化。对25处交通秩序混乱、事故多发的平交路口进行改造，施划导流线330平方米，增设行人过街安全岛22个，科学渠化路口13处。同时，设置人行道路隔离栏9800米，车行道路隔离栏5860米，车辆和行人的通行秩序更加规范。

三、劝导执法结合，打造文明路口

全方位"立体式"劝导、管理，促进全社会增强交通安全和交通文明意识。一是加大宣传力度。招募文明交通志愿者400余人，上下班高峰期在城区28个路口开展"礼让斑马线"志愿服务活动，打造文明示范路口6个。开展"雷锋的士·文明出行"活动，对公交车、出租车、网约车等交通运输从业人员开展文明驾驶宣传教育活动，引领行业文明。二是加大执法力度。依托交警支队监控指挥中心，设置交通管理民警岗，通过交通监控视频巡查、路面警力巡逻发现、市民舆情反映等方式，确保对城区交通设施状况的实时掌控，及时发现并整改。以校园周边、城市商圈等重点区域为中心，开展"文明交通行为综合治理""三车整治"等专项行动，对机动车交通违法行为进行查处，在24个"灯控"路口设置流动交通违法劝导学习点，处罚交通违法行为2.1万起，其中628名违法当事人现场体验维护交通秩序，抄写交通法律法规。三是加大曝光力度。新建2处人流密集大型路口行人闯红灯抓拍系统，通过文字、语音及视频、图片对过街行人进行交通安全警示提示。推出"红灯记·文明行"24期，通过全媒体对行人、机动车乱闯红灯和机动车不礼让斑马线等不文明交通行为进行曝光。通过微博、微信公众号推送不文明交通行为90余条。

交通路口提质是合川区文明城区创建成果的一个缩影。多年来，合川区通过精准实施重点项目，不断补齐城市"短板"，环境卫生不断提质，公共服务水平更加优化，群众生活更加便利，不断推进人民满意城市建设。

八　公共广场篇

∙∙∙

"微整形"让城市更靓丽市民更幸福

山西省运城市文明办

山西省运城市自 2018 年创建全国文明城市以来,不断加大公共广场环境整治改造力度,大力提升市民的满意度和获得感。市区南风广场作为市民集中休闲健身活动的重要场所,始终坚持创建为民、创建惠民,通过整形改造、美化环境、精细管理,不断提升服务质量,打造新亮点,作出新成效。

一、强化使命担当,树牢为民服务意识

习近平总书记强调:"坚持以人民为中心的发展思想,坚持人民城市为人民。"南风广场一班人认真贯彻落实这一要求,以党建促创建,精心谋划安排、靠实工作责任、抓好管理服务,把创建为民理念落实到广场规划、建设、管理全过程,真正在创建全国文明城市中,不仅做靓"面子",更做实"让城市更美好,让人民更幸福"这个"里子"。认真开展主题党日活动,不断强化使命担当,增强党员干部服务群众的思想自觉和行动自觉。定期组织学习习近平总书记视察山西重要讲话重要指示,进一步强化宗旨意识,树牢以人民为中心的思想。组织开展"我是党员我带头,奋发有为做先锋"等活动,党员干

部深入一线，清理广场地面污渍、擦洗公共设施等，把为民服务的理念体现到具体实践中。

二、加强提升改造，用心用情服务市民

南风广场本着精细管理、创新服务的原则，对区域进行净化、绿化、美化、彩化、艺术化提升改造，力求达到广场有绿、有花、有型、有景。

1．公益宣传潜移默化。在对广场提升改造中，注重加强公益宣传氛围营造。在广场安装了"人们有信仰、国家有力量、民族有希望"大型公益宣传造型。广场西南角作为儿童活动中心，专门设计了一个类似双手打开、托起明天的太阳的造型，并在造型旁边摆放了花色绚烂、灼灼照人、寓意美好的小丽花，寓意着憧憬、希望和未来。让市民在休闲游玩中有所思、有所想、有所悟，在细微之处寓教于乐，增强了广场的文化底蕴和内涵之美。

2．园林工作精益求精。广场园林绿化工作不断创新，尝试用彩色有机覆盖物对瓦片树坑进行覆盖，既可以保持土壤湿度，又可以增加土壤肥力、抑制杂草生长，进一步美化彩化装扮广场。同时对1600平方米老化草坪进行重新铺设，对改造后的绿地安装节水雾化喷灌，既方便苗木浇水，又可以美化造景。

3．环境卫生干净整洁。广场定期组织开展环境卫生整治活动，擦洗路沿石和公共设施，对水池淤泥进行清理并换水，确保广场地面、水面、绿地、雕塑、设施等干净整洁。维修人员每天对配电设备、供水设备、地面地砖、健身器材等进行全面检修，确保安全设施性能良好。

◀ 改造后的羽毛球场

◀ 广场绿地的养护责任牌

▶ 种植花卉后的广场绿地

▶ 种植花卉后的广场绿地

三、绿化美化环境，提升市民幸福指数

一年之季在于春，广场利用春季大好时机，认真开展"不负春光、花开广场、种植希望、造福百姓"活动，在现有十余种花卉的基础上，加大了多年生宿根花卉片植力度，打造花海、增色造景、为民造福。

1. 加大植绿力度，打造四季皆景的美丽广场。广场本着"简单、大气、稳重、通透、适宜"的原则，选择一些花期长、养护易、成活高、效果好、不易采的宿根花卉，在广场主通道、主通道以西、凤凰西南角和广场东南角四块区域分别片植了欧石竹、八宝景天、地被菊、美国石竹共 3800 平方米，努力做到不同季节、不同花开、不同色彩、不同美景，让市民入园见花、见花入景、入景入情、入情入境，实现广场美育功能。

2. 明确护绿责任，引领群众弘扬文明新风。广场充分发挥党建的引领作用，实施护花行动，设立了党员护花责任牌，明确每一位党员的护花区域和护花任务，通过党员的示范引领作用，教育引导群众爱绿护绿，弘扬文明新风，争做文明市民。

南风广场作为市民休闲、娱乐、健身的首选之地，承载着市民对美好生活的向往，风雨兼程、驰而不息的创建行动，在为市民提供清洁、舒适、优美生活环境的同时，也让其成为创建全国文明城市一张亮丽的名片。

40 岁老旧广场实现"逆生长"

江苏省张家港市文明办

文明创建的最终目的，是让老百姓得到真真切切的实惠。2018年，应广大群众期盼，江苏省张家港经开区（杨舍镇）启动中心广场改造项目，在广场改造的过程中，区镇始终以人民为中心，全过程问需于民，把广场改造作为服务群众的"关键小事"。如今，有着40余年历史的中心广场已在文明创建的春风里"穿新装""换新颜"。

一、顺应百姓期盼，彰显民生温度

2019年7月9日，雨后的微风卷走了暑气，家住园林新村的居民游惠平和邻居相约来到家门口的初心广场，在石桌上下起了象棋。一旁的健身场地上，还有两个老人在太空漫步机上悠闲地聊着天。

今年74岁的游惠平在这儿住了40多年，20世纪80年代，他刚搬来园林新村时，初心广场还叫中心广场。"当时这里算是城东比较大的活动场地了，一到晚上就有很多孩子在这里滚铁环、跳绳，大人们一边看管着孩子、一边聊着天，很热闹。"游惠平回忆，随着时间的推移，来广场的人渐渐少了，数来数去就"那几个跳广场舞的"，"主要还是因为设施老旧了，像广场上的砖，不是松了就是缺了……"

40 岁老旧广场实现"逆生长"

▲ 改造前的中心广场以开展大型活动为主，居民利用率低，群众休闲配套设施缺乏

◀ 改造后的初心广场增设了 24 小时图书馆驿站——初心书屋

▲ 改造前的中心广场设施老旧、没有活动设施，缺乏吸引力

◀ 改造后的初心广场设施完善、主题鲜明

▶ 垃圾分类进小区活动在初心广场开展

▶ 改造后的初心广场，将党性教育、户外党组织生活、党员个人自主学习、先锋志愿实践等功能融入其中，将初心广场打造成为全市首个开放式党员教育基地

▶ 初心书屋内开设"不忘初心、牢记使命"主题图书专栏，并通过影音设备增加阅读乐趣，让群众在寓教于乐中接受党性教育

配套安全基础设施的老化，不仅让广场不再吸引人，还带来了一系列安全隐患。但周边居民普遍和游惠平一样，觉得中心广场就此"荒废"有点可惜。2018 年，在扎实开展民情走访、充分了解民情民意的基础上，经开区（杨舍镇）决定对中心广场进行改造，并提出了结合广场周边居民老龄化程度提高的实际情况，增加"适老化"改造内容的方案。

中心广场的适老化改造主要针对的是原有的下沉式广场、健身场地和步道，在保证这些场所的功能性之余，还通过设置扶手、铺设防滑地砖等方式来保障老人的使用安全，降低老人户外活动中发生意外的概率。同时，经开区（杨舍镇）还在中心广场内重新规划了书法广场、弈棋角、韵律廊等老年人活动区域，以满足老年群体的不同需要。此外，区镇还在广场内配套新建了廊架、坐凳等休息设施，并对原有的绿化进行修复提升，以满足老人歇脚、放松身心的需求。

爱热闹的居民在柔和的灯光下起舞，喜静的居民在弈棋角下棋、观棋，热衷于锻炼的居民在健身区域打太极拳……改造后的中心广场，每日人流量得到显著提升，周边居民虽然爱好不同，却都能在此找到属于自己的"位置"，"现在广场功能齐全不说，还方便了我们老年人，我们都愿意来这里走走、坐坐。"游惠平表示。

二、植入党建文化，提升文明亮度

中心广场地处主城区中心，是展示城市形象的重要窗口。因此，在进行适老化改造之余，经开区（杨舍镇）还将目光放在了"里子"的改造上。2017 年，习近平总书记在党的十九大报告中指出，在全党开展"不忘初心、牢记使命"主题教育，用党的创新理论武装头脑，推动全党更加自觉地为实现新时代党的历史使命不懈奋斗。彼时，主城区恰好缺少党性教育阵地，周边党员迫切希望有个"家"。为此，区镇决定用"初心"二字重新命名中心广场，并以"不忘初心、牢记使命"为主题，将党性教育、户外党组织生活、党员个人自主学习、先锋志愿实践等功能融入广场，将初心广场打造成为全市首个开放式党员教育基地。

通过精心谋划，初心广场的整体布局被划分为"初心起航、信仰的力量，匠心砺金、峥嵘的篇章，红心致远、使命的光荣，恒心筑梦、我们的故事，童心绽放、梦想的起航"5 个部分，每个部分有着不同的路线设计和主题，如户外党课课堂、先锋图书驿站、中国梦·张家港故事影像展等，让党员群众在行走不同的路线时体会党性教育的仪式感与成就感，充分感受党建文化的德韵、人文氛围。

2019 年 6 月，植入党建文化的初心广场正式投入使用。初心广场不仅是张家港万名党员进基地点位、红堡示范阵地，也是建立"10分钟党建圈"的重要举措，截至目前，初心广场已累计接待各级各类党组织 192 个、6700 余人次。

建成以来，各级党组织和党员志愿者充分利用初心广场阵地，常态化开展"民生面对面""书记在身边"等活动，把党的政策和温暖通过一件件小事、一次次走访传递到群众身边，让红色基因在群众中不断传承。2019 年 5 月 20 日，30 名党员聚在初心广场的党旗宣誓墙下喊出了对党的庄严承诺。他们身边，正在健身休闲的百姓围拢上来，默默感受这庄严的时刻，许多孩子也举起右手，模仿着党员们念出了墙上的誓词。

嘈杂的酒吧变成了书吧，破败的广场成了全市党员和群众的"城市温度打卡点"……40 岁老旧广场实现"逆生长"的背后，是张家港经开区（杨舍镇）一片为民的初心。

坚持因地制宜下足"绣花功夫"
打造美丽和谐舒适的多功能市民会客厅

山东省济宁市文明办

山东省济宁市围绕全面提升广场管理水平、满足市民群众需求的主题主线，对公共广场建设、管理、使用各环节进行重新定位和提挡升级，努力把公共广场打造成休闲、放松、娱乐的好场所和开展文明实践活动的好去处。

一、提升建设水平，实现配套设施"便利化"

在公共广场配套设施的提升改造过程中，始终关注"市民群众需要什么"，通过创建全国文明城市热线电话、"济宁文明随手拍"微信平台、社区"三会一访"活动等渠道收集群众意见建议。由市、区财政投资，先后在新世纪广场、兖州市民文化广场等地新建健身步道，增设了健身器材、公共座椅、彩色大屏等设施，为群众健身、娱乐提供便利。新世纪广场在铺设健身步道之初便设计了塑胶、彩色沥青、烧结陶瓷砖三套步道铺设方案，先后两次公开征求群众意见，根据群众投票最终选择铺设彩色沥青步道。改造后，彩色沥青步道的防滑性、舒适性、排水性均效果良好，且能有效减少道路辐射热和都市热岛效应，每天在此锻炼健身的市民达上万人。为方便服务群众，在每处广场都设置了便民服务亭、志愿服务岗亭，由广场管理方负责管理，配备了药品、雨伞、维修工具等物品，在显著位置公示服务制度和服务项目，广场管理人员和志愿者共同为市民群众提供常态化的便民服务。

二、完善管理机制，保障日常管理"精细化"

围绕日常保洁、设施管护、秩序管理三个方面细化管理措施，制定量化标准。日常保洁方面，每天对水面漂浮物打捞2次，对地面普扫2次（人工冲洗和机械刷洗各1次），对垃圾箱外表擦拭1次、清运1次垃圾，对广场标示牌擦拭1次，每月对池底、池壁清理1次。设施管护方面，每周对广场绿化草木喷药3次，浇水、修剪1次，清除杂草1次；按照"小损坏快维修"的原则，及时维修、更换破损的地砖、大理石等设施。秩序管理方面，通过《济宁市文明行为促进条例》《济宁市城镇容貌和环境卫生管理条例》《济宁市养犬管理条例》3部地方性法规，明确了广场管理责任、市民行为规范和有关法律责任。建立了由广场管理方统筹，公安、城管、社区共同参与的管理队伍，广场管理人员、社区文明劝导员负责做好日常巡查，及时劝阻不文明行为；辖区城管大队、派出所民警开展联合巡逻，及时处理广场及周边乱扔垃圾、不文明养犬、大声喧哗等现象。

▲ 新世纪广场便民早市设立前

◀ 新世纪广场便民早市设立后

▲ 兖州市民文化广场改造前

◀ 兖州市民文化广场改造后

▲ 公共广场健康步道

▲ 社会主义核心价值观主题广场

▲ 新世纪广场

▲ 兖州市民文化广场全景

三、坚持疏堵结合，确保周边秩序"规范化"

随着各个广场功能逐步完善、管理更加规范、活动日益丰富，吸引力越来越强，停车位不足、周边流动商贩增多的问题越来越突出，给附近居民出行和生活带来了不便。为有效解决这些问题，济宁市以便民利民为原则，采取"一地一策、疏堵结合"的办法，组织有关职能部门、附近居民和经营摊贩召开座谈会，在广场周边道路、广场四角分别设置了单边停车位、非机动车停车区和便民疏导点。便民疏导点按照"合理化布局、规范化管理"的原则，规定了经营时间、经营范围、经营业态，制定了准入和退出制度，准入商贩按号牌确定经营位置，全时段进行管理，疏导点经营结束后保洁人员及时进场清扫。目前，仅新世纪广场东侧便民早市就有摊位 200 余个，随着管理机制逐步完善和市民素质不断提高，经营者自觉服从管理，保持摊位整洁，既方便了周边群众生活，也解决了环境"脏乱差"的问题，受到广大市民的欢迎和认可。

四、聚焦以文化人，推动广场使用"阵地化"

为充分发挥公共广场的作用，充分发挥中华优秀传统文化特别是儒家文化底蕴丰厚优势，从提升广场文化品位、丰富群众文体活动方面持续发力，把公共广场打造成为市民群众休闲娱乐新舞台、新时代公民思想道德建设新高地。坚持用优秀传统文化涵育社会主义核心价值观，按照"一广场一主题、一点一景观"的思路，在实地察看、充分论证的基础上，由各级文明办指导、广场管理方出资，利用景观式公益广告、雕刻雕塑、专题宣传栏等形式，采取国画、漫画、卡通、书法等方式，打造优秀传统文化、社会主义核心价值观、身边好人主题广场以及社区小广场149个。根据广场功能定位，在全民健身广场每年组织开展群众篮球赛、足球赛、羽毛球赛、广场舞大赛等全民健身活动，利用文化广场市民大舞台开展了"庆祝新中国成立70周年""我为创城喝彩""道德模范故事汇巡演"等主题鲜明的文化惠民演出。依托各个广场，形成了广场舞、轮滑、健美、健步走、摄影摄像、地方戏表演等各类文体爱好者团队50余支，与城区14支新时代文明实践志愿服务队"同向发力"，实现了新时代文明实践活动和群众性文化体育活动"不打烊"。

保群众生活品质　点昌都璀璨星光

西藏自治区昌都市文明办

生活广场作为一个城市的名片，代表着城市文明建设的一个缩影，是市民休闲娱乐的重要生活场所，集中展现着城市风貌、文化内涵、市民生活品质和城市管理水平。西藏自治区昌都市开展全国文明城市创建工作以来，城管部门对照创建工作要求，不断完善昌都市基础设施功能，优化人居环境，提高城市品位，提升昌都市城市形象和对外吸引力，高唱"三部曲"，对昌都市的城市名片茶马广场基础设施进行再完善、服务水平再提高，使茶马广场真正成为市民休闲娱乐的好去处。

一、树牢宗旨服务群众意愿

昌都市的市民都清楚地记得，旧城改造前，茶马广场所在的地方是一条狭窄的市区道路，人车混杂、通行不畅，道路两旁房屋破败，遍布污水、垃圾。旧城改造时新建了胜利街下穿隧道，并在隧道上方新建了茶马广场，打造了昌都市的城市新名片。为使茶马广场这张昌都市的名片更加亮丽，全国文明城市创建工作启动后，城管部门坚持创建以惠民利民为宗旨，以解决人民群众反映强烈的突出问题为突破口，聚焦"安全、清洁、有序、方便"的城市管理目标，组织工作人员深入以居住在茶马广场附近为主的居民家中摸底调研，广泛听取群众的意见建议，先后多次安排专人对茶马广场市政基础设施设备进行全面摸排，并将路灯、地埋灯、便民利民设施设备摸排情况进行分类统计、登记造册，确保茶马广场市政公用设施底数清、情况明。同时及时对茶马广场范围内市政基础设施设备损坏等情况进行统计，为全面开展维护维修工作提供了基础数据支撑。

二、把握重点实施改造提升

城管部门聚焦群众普遍反映的突出问题，根据摸排掌握的情况，按程序开展了预算编制、招投标、维护维修等工作，实施了茶马广场改造提升工程。先后完成茶马广场路面花岗石铺设 1029 平方米，石墩维修 281 个，花池维修 88 个，音响系统设备配备 9 台，防雷电源新增 25 台，音响设备线路改造 132 米，电路改造 350 米，灯泡更换 4 个，探照灯增设 126 套、落地灯新设 90 套，喷泉地灯 90 套、中央喷泉地灯 6 套、地埋灯 77 套。同时，定期或不定期地对茶马广场设施设备运行情况进行巡查，对发现的问题，立即安排施工方进行维护维修，保证广场设施设备正常运转，切实解决群众反映强烈的问题，全力满足人民群众需求。

三、加强管理优化广场环境

环境卫生是评价广场最直观的标准，城管部门把握重点，始终把

▲ 昔日茶马广场周边破败的民居

◀ 改造后茶马广场的周边小巷

▲ 昔日茶马广场周边的无序

◀ 改造后明净如洗的茶马广场

▲ 改造后茶马广场的夜景

广场环境卫生治理工作放在广场管理的首位，全力打造"无尘广场"。全国文明城市创建工作开展后，管理部门将清扫保洁从广场中心延伸到周边街道、背街小巷，严格落实区域环境卫生管理责任区，不留管理和作业的空白点，避免空位、缺位和盲区。建立不间断巡查机制，做到问题即查即改。长期以来，城市环境卫生维护多数采用惩罚措施。深入研究后，意识到惩罚处理措施难以从根本上解决问题，决定转换思维，先后制作与广场整体建筑风格一致的垃圾箱 20 余个，确保随处可见到、随处能收集，通过文明提示牌等，提醒市民养成不乱扔垃圾、不随地吐痰等文明习惯。茶马广场随处可见的景观小品，广场周边富有浓郁民族特色的建筑，加上干净整洁、文明有序的环境，使茶马广场不仅成为昌都市市民休闲的好去处，也成为游客驻足游玩、拍照留念的好景点。

香巴拉主题文化广场展新颜

甘肃省合作市文明办

看，锅庄舞展演开始了，飘逸的舞姿，动人的旋律，华丽的盛装，自信的笑容，每当茶余饭后，甘肃省合作市的市民都喜欢到香巴拉主题文化广场上走一圈，看着孩子嬉闹、老人健身，整个广场上到处洋溢着祥和、温馨的气氛。

合作市香巴拉主题文化广场作为市民休闲、娱乐、集会、健身的大型综合性场所，作为展现合作市城市面貌的重要窗口，在全国文明城市创建工作中发挥着重要的作用，承担着合作市对外形象展示和群众文化思想教育的重要责任。香巴拉主题文化广场在原合作世纪广场的基础上本着以人为本的理念，重点突出浓郁的藏族文化内涵，在保留具有民族特色的羚羊石雕、牦牛石雕、21世纪高原明珠雕塑、白海螺音乐喷泉等设施的基础上进行改建而成，占地面积10.93万平方米，南北长724米、东西长151米，其中：硬化面积2.88万平方米，绿化面积1.44万平方米，其余为环形行车道及广场外侧人行道。内设演艺台、背景墙、文化墩、文化墙、廊式花架、各种灯饰等。工程总投资1274.9万元。

▲ 创建全国文明城市和国家卫生城市浮雕

◀ 社会主义核心价值观浮雕

▲ 社会主义核心价值观主题广场

◀ 晨练

▶ 锅庄舞展演

▶ 合作市开展"6·5"环境日
宣传活动

▶ 新年文艺演出

一、发挥阵地作用，强化精神文化建设

近年来，合作市依托文化广场主阵地，从广场休闲娱乐到广场舞的大众化，从修心健身到锅庄舞的常态化，受到了广大群众的欢迎，迸发出无限的生机和活力。每年举办新年文艺演出、藏地传奇嘉年华之夜、趣味运动会、锅庄舞展演垃圾分类启动仪式、世界环境日宣传活动启动仪式、国际禁毒日、宪法宣传周等大型文化宣传活动，受到了社会各界的关心支持和广大群众的热烈欢迎，丰富和活跃了人民群众的文化生活。

二、强化公益宣传，发挥公益广告的传播功能

公益广告是传播社会主义精神文明的重要阵地，是宣传社会主义核心价值观的重要渠道。在广场醒目位置设置花草文明提示牌35块、精神文明建设宣传栏5个、社会主义核心价值观主体雕塑3座。同时，在广场两块大型LED显示屏上长期播放社会主义核心价值观标语，不断营造创建文明城市的良好氛围，在群众中更好树立社会主义核心价值理念。

三、改善基础设施建设，提升城市对外形象

自全国文明城市创建工作开展以来，为进一步优化城区整体环境面貌，改善市政设施的功能作用和美化效果，对广场背景墙、国旗台基座及喷泉等景观安装了汉白玉浮雕，对破损、脱落的大理石、花岗

岩、瓷砖及损坏的健身器材等进行了更换、维修，将大理石座椅改造为防腐木座椅，提升了城市形象和品位。

四、巩固城乡环境治理成果，提升城市品位

为全面巩固城乡环境卫生整治成果，聚焦环境卫生长效治理，严格落实垃圾分类制度，合作市在广场增设垃圾分类果皮箱30个，并对草坪、树木、花卉等按时进行修剪、浇灌、病虫害防治，为市民打造出了一个干净整洁、环境优美的广场。

九　景区景点篇

南翔老街的精细化创建之路

上海市嘉定区文明办

上海市嘉定区南翔老街作为国家 4A 级旅游景区，地处中国历史文化名镇南翔镇核心区域。历经多年创城工作，弹格路上更显洁净，小桥流水更显清丽，沿街商铺更显规范，景区品质逐步提升，民生质量实现改善，环境发展得到优化。南翔老街立足实际，以巩固全国文明城区复评为抓手，建立健全常态长效机制，全面提升城市文明程度和市民文明素质。

一、实施经费保障，发挥组织优势

南翔老街创城工作受到高度重视，区级、镇级层面提供了强有力的财力支持。2017 年至 2020 年（6 月底），景区为顺利推进创城工作及巩固创城成果投入了约 1600 万元，包括公益广告宣传制作、绿地绿化养护、保洁用品、工程维修等各类项目。

为加强对创城工作的领导、协调、督查和指导，景区成立了创城工作推进领导小组，由党支部书记、总经理担任组长，作为"第一责任人"发挥牵头抓总作用；南翔镇党委委员为分管领导，定期督导创城工作。

二、广泛动员群众，凝聚创城合力

景区积极发挥社会监督作用，借力群众的"双眼"，不断发现问题，解决问题。一是建立景区志愿者创城自查小组，每日通过微信群通报巡查结果，相关部门认领责任，并及时反馈整改后的情况，公司领导每周1—2次进行整改检查。二是成立商户自律联盟，组成机动小组，发动店员把发现的问题反馈景区，以补充景区监督力量。三是发挥群众巡访团"啄木鸟"作用，紧扣创城指标，定时定期在景区寻找细小不易的问题，当日汇总上报，限时整改，落实成效。

三、保持常态长效管理精益求精

南翔老街公司对标对表，以绣花功夫精雕细琢景区的精细化管理，从细、从实、从严抓好创城常态长效工作。

（一）日常管理"再出手"。南翔老街以《文明城区复评工作操作手册》为基础，结合老街实际情况，编制了《南翔老街全国文明城区复评点位责任表》，梳理点位上的共性问题和个性化问题，落实老街30余家餐饮单位的包点人，并把老街范围内所有涉及的测评类型考察标准发到每位员工手里，保证人人了解复评要求，人人履行岗位职责。

根据最新复评要求，及时更新公益广告，做好巩固创城复评宣传工作；加强跨门经营的管理，每周1次用高压水枪冲洗街面；白色垃圾15分钟不落地；等等。2020年，景区商业大街、景点、场馆等各类型点位新增、更换超过80处公益广告及景观小品，巧妙地融合了精神文明宣传与古镇江南风韵，凸显古镇"人文美"。

▲ 河道整改前

◀ 河道整改后

◀ 南翔老街美景

▶ 双塔围栏创城宣传

▶ 南翔老街"小橙子"志愿服
务队

▶ "爱上旅游　文明出行"文明
旅游宣传月暨创城我先行活动

（二）硬件建设"求完善"。为更好地保护古镇，景区统一为辖区所有场馆、商铺安装消防喷淋，更换商铺烟雾报警器，发挥安全小组作用，每月巡检景区消防器材设施，定期开展消防培训和演练、排查安全隐患；针对商铺装潢，检查装潢隐患，提前进行安全告知。同时，为工程施工队定制专属工作服，进行施工安全培训，要求施工前按规放置隔离设施、围挡，张贴醒目告示，保证安全施工、文明施工。

景区于 2019 年 7 月启动共和街厕所改造，增加了母婴室、无障碍卫生间，利用智能化系统，让游客在门外就对公厕内厕位状态、温度、湿度等数据一目了然。此外，为了增加市民游客夜间游览的便利性，2019 年，景区标识标牌全面更换为夜间可视系统。

（三）党建引领"迈大步"。发挥基层党组织的战斗堡垒作用，释放党员的榜样力量，根据辖区范围建立党员责任区，以网格化管理模式，设岗定责，划分了 12 个责任区，11 名党员负责包点包干 100 多处景点、场馆、商铺的生产经营安全，严格落实志愿服务、环境整治、垃圾分类、消防安全和疫情防控等职责，使景区精细化管理再上台阶。

四、提高文明素养增强文化底蕴

（一）打造一个志愿服务品牌。2020 年，南翔老街景区积极响应南翔镇新时代文明实践分中心的建设工作，以由 151 名志愿者组成的"小橙子"志愿服务队作为南翔老街志愿服务品牌，负责包干包点商业大街、景区景点、宾馆饭店、爱国主义教育基地等点位，同时，为开展"红色乐语""古韵修身""老街心力量"等 6 类志愿服务提供保障。

（二）支起一片"爱心绿荫"。景区在游客中心和老街停车场增设了爱心驿站，免费提供饮水、热饭、休憩等服务。2018 年夏季，在游客中心门外设立"爱心冰柜"，30 多家企业自愿捐献了约 350 箱饮料供高温天户外工作者饮用。

（三）开展一批文化活动。多年来，景区坚持每年定期举办"文明旅游""我们的节日·端午""南翔小笼文化"等多项主题节庆活动，旨在让广大市民游客更好地学习和继承中华民族优秀传统文化。开展"文明旅游宣传月暨创城我先行活动"，让游客成为文明旅游的践行者。作为青少年实践基地，连续 5 年举办"千年古镇情"江南文化体验活动。

（四）定制一张文创名片。2019 年，景区联手文化创意公司开发以南翔小笼为原型的"包咕咕"卡通形象文创产品。同时，在节庆活动中融入"非遗 + 动漫"形象创意，助力文化创意经济的发展，同时以文化"黏合剂"来增强市民之间的亲近感和凝聚力，引领市民文明素养的提升。

"市民园长"公园管理新模式

福建省厦门市文明办

一、创新背景

2015 年以前，福建省厦门市南湖公园景观破旧，非机动车随意入园、噪音扰民、小摊小贩横行等不文明现象时有发生，随意践踏破坏绿化行为屡禁不止，公园秩序不尽如人意。为解决公园管理中出现的困境，厦门市以"同爱一片湖，共建一个家"为公园治理理念，以城市基层党建工作为引领，以全国文明城市检查实地考察场所共建认领为抓手，结合公园物业化管理、公园智慧管理平台建设等创新管理手段，"市民园长"创新管理模式，实现"决策共谋、发展共建、建设共管、效果共评、成果共享"，公园秩序得到显著改善。

二、主要做法

（一）引入创新模式。2015 年起，厦门市以南湖公园为试点，开始了"市民园长"创新管理模式的创新。通过 4 年多的实践，厦门市通过制定"带着走、陪着走、跟着走"的三步走战略，培育、发展"市民园长"创新管理模式，广泛征集、听取市民的意见建议，让周边市民真正参与到公园管理中，搭建起了公园管理者与市民、游客之间的连心桥。同时，结合厦门市委文明办制定的《全国文明城市检查实地考察场所共建认领细则》，激发各共建认领单位的积极性，通过实地认领单位与"市民园长"创新管理模式的强强联合，把周边各种文明治理力量变为公园管理中的左膀右臂，多措并举，形成多方参与、多方共管、多方推进的园区精神文明创建风貌。

（二）扩宽创新途径。2016年，厦门通过制定《厦门市筼筜湖管理中心公园物业化管理办法》等规范、标准，创新公园管理途径，率国内行业之先，在南湖公园开展公园物业化试点工作。在公园日常管理中融入住区物业管理模式，将公共空间营造出"家"的氛围，鼓励受众者共同参与"家"的治理，打造以精神文明建设等为主要内容的"五位一体"公园物业管理模式，进一步确保公园的绿地养护、环境卫生、安全秩序、设施维护等全方位提升，为市民游客提供优美、和谐、舒适、安全的游园环境，提高了公园温馨指数和满意度，提升了公园品质和服务质量。

（三）突破创新手段。为保障创新模式的实际运作，厦门市以信息化建设为抓手，搭建起涵盖园林绿化、秩序管理等多领域的公园智慧管理平台，实现了对公园的过程管理、量化考核、实时监督、即时反馈。同时，通过优化人机界面设置及采用便捷的手机移动终端，实现全员参与管理，达到节约管理人力、提高管理效能、提升管理水平的预定目标。在日常监督及管理中，实现过程管理和细节管理，有效杜绝假、大、空和人为因素干扰养护质量评价的情况，为考核评估、管理费用拨付提供可信、可靠依据，有力保障了创新管理模式的运维。

▲ 南湖公园园容园貌提升前

◀ 南湖公园园容园貌提升后

▲ 南湖公园园容园貌提升前

◀ 南湖公园园容园貌提升后

▶ 中心、南湖公园市民园
长及其他团队在南湖公
园共同开展志愿服务

▶ 形式多样的志愿服务

三、创新亮点

（一）注重党建引领，筑牢战斗堡垒。厦门市将南湖公园系列文明创新管理与"两学一做"学习教育、"不忘初心、牢记使命"主题教育、城市基层党建、"深化大学习、提振精气神"系列要求等相结合，以"优服务、共管理、树形象"为主题，发动党员参与公园管理。

（二）突出群众参与，拓宽共治渠道。在"莫兰蒂"台风灾后重建等公园民生设施建设中，厦门市通过"市民园长"创新管理模式，积极动员群众参与公园建设，共计开展问卷调查7场（次），收集调查问卷300余份，开展现场踏查30余场（次），进一步扩充群众知情与监督渠道，激活群众和社会的力量，凝聚了社会参与的共识，壮大了公园管理的"朋友圈"，初步形成了"同爱一片湖、共建一个家"的各方齐参与的局面。

（三）创新管理模式，打造公园品牌。通过"市民园长"创新管理模式，逐步让社会各界人士参与公园的日常管理和监督，做到公园管理人人参与，为所辖园区环境的提升奠定坚实基础，也使"市民园长""公园物业化管理""公园智慧平台"3个南湖公园系列创新品牌深入人心，形成了与社会各界良好的互帮互助的联系，形成了品牌效益，有力地推动了公园文明创建工作再上新台阶。

四、实际成效

（一）市民、游客反馈好。在4年多的运行中，南湖公园精神文明风貌得到显著提升，公园环境、秩序得到极大改善，噪音扰民等老大难问题得到有力控制，获得了周边群众的广泛赞许。

（二）舆论、媒体反响好。自开展"市民园长"创新管理模式以来，共计接待新华网、福建省新闻频道、厦门日报、厦门电视台、厦门晚报等中央、省市媒体采编 20 余场（次），有关经验及做法在新华网等主流媒体平台上获得正面报道，其中，"劝导膀爷"活动获得中国文明网转载报道。

（三）实践、成效反映好。2020 年以来，通过与全国文明城市检查实地考察场所共建单位、南湖公园"市民园长"及其团队等多方团体共同协作，共开展志愿活动 60 余场（次），协调解决园区难点问题 4 个。同时，连续 3 年在中、高考期间，在南湖公园开展持续 30 余天的降噪志愿行动，在暑期期间积极宣传市委文明办"文明度夏"倡议，累计参与人数达到 400 余人次。大力倡导文明锻炼、文明健身，进一步夯实了南湖公园柔性管理的群众基础，进一步激发更多市民、游客参与南湖公园的共同治理，有效提升了公园管养水平和公园温馨指数。

强化景区管理　弘扬时代新风

山东省青岛市文明办

景区景点是展示城市形象的重要窗口，是文明创建的重要阵地和载体。近年来，山东省青岛市深入贯彻习近平总书记"办好一次会，搞活一次城"重要指示，践行"绿水青山就是金山银山"理念，以创建全国文明城市为抓手，坚持设施建设和服务提升相结合，便民利民和宣传引导并重，持续推进景区景点品质提挡升级。

一、健全工作机制，构建共创共管格局

始终坚持"以创建促发展"的工作思路，从完善制度、健全机制入手，强化协调联动，构建共创共管创建格局。强化考核的导向作用，将景区景点文明创建工作纳入全市经济社会发展综合考核，压实创建责任。成立全市旅游工作领导小组，建立联席会议制度，建立了一整套分工协作、科学规范、齐抓共建的组织领导机制。先后出台了《青岛市旅游行业文明旅游景区管理办法》《青岛市旅游厕所建设管理工作方案》《青岛市旅游行业"黑名单"管理制度》等规章制度。各景区景点成立创建管理机构，制定《旅游投诉处理制度》《景区从业人员管理规定》，建立考核考评制度，提高投诉处理反馈效率，督促

干部职工履职尽责。注重搭建创建平台，在全市广泛开展"不文明行为随手拍"和"我爱青岛·我有不满·我要说话"主题活动，运用线上、网上、掌上等"不见面"方式收集群众意见，通过广播电视、政务网站、"两微一端"等媒体平台，开辟通道专栏，曝光日常管理问题和游客不文明行为，有力地推动了景区景点文明创建工作。

二、加强基础建设，打造优美景区环境

坚持生态优先、绿色发展、便民服务，升级打造优美景区环境。一是推进"厕所革命"。将"厕所革命"作为全面加强景区景点公共服务体系建设的重要举措。着眼"人性化、洁净化、便利化、实用化"服务需求，秉持"一厕一策划、一厕一文化、一厕一景观、一厕多功能"建设理念，致力打造"如厕如家"品牌形象。先后对全市旅游景区 723 座厕所进行了升级改造，仅沿海一线景区公厕改造数量就达到58 座，形成"10 分钟公厕服务圈"。全国文明单位崂山风景区建设38 处标准化生态厕所，荣获全国"'厕所革命'最佳景区""'厕所革命'十大典型景区"称号。二是建设景观小品。注重统一规划设计，突出滨海城市特点，融入绿色、海洋、文化等时尚元素，突出社会主义核心价值观、文明旅游、诚信守礼等讲文明树新风宣传，使景观小品成为传播文明、展现城市底蕴的重要阵地。三是加强配套设施建设。持续推进景区景点垃圾分类设施规范提质，在各景区景点升级改造垃圾分类投放设施，设置宣传标识。秉承"自然、和谐、美好"理念，升级改造游客服务中心、学雷锋志愿服务站、母婴室、休息椅、停车场、轮椅通道等无障碍设施和各类服务标识牌。目前，我市 27 个 4A

▲ 崂山风景区客服中心公厕改造前

◀ 崂山风景区客服中心公厕改造后

▲ 崂山风景区客服中心停车场改造前

◀ 崂山风景区客服中心停车场改造后

▲ 崂山风景区客服中心主体建筑改造前

▶ 崂山风景区客服中心主体建筑改造后

▲ 栈桥风景区公厕升级改造前

▶ 栈桥风景区公厕升级改造后

级以上旅游景区全部建成了生态停车场，配备充电停车位。

三、强化规范管理，维护优良旅游秩序

注重日常管理是推进景区景点文明创建常态长效的有力保证。一是加强环境卫生保洁。组织景区景点深入开展爱国卫生运动，进行全方位宣传、体检式检查、清单式治理。建立服务外包与责任区制度相结合的保洁管理模式，定人定岗定责，垃圾实行即存即扫，垃圾箱落实日产日清，逐步形成标本兼治、动态监管的长效机制。二是维护旅游市场秩序。加强旅游行业诚信体系建设，制定诚信经营规范，建立景区商户诚信经营台账和信用信息公示制度。以创建"党员示范岗""诚信经营户"等为载体，广泛开展文明诚信经营创建活动，游客满意度调查连续三年超过98%。开展旅游领域突出问题专项治理，加强重要节点联合执法和日常监督检查，维护了良好的旅游市场秩序。三是强化景区安全管理。始终把旅游安全摆在头等重要的位置，打造平安景区。升级旅游导引系统和景区客流动态分布采集系统，建设全域旅游大数据中心，扩充接入视频监控3000多路。完善景区景点突发事件应急预案，定期组织应急演练和安全教育培训，不断提高预防和处置突发事件的能力，切实保障游客人身安全。

四、深化文明旅游，提升景区品质内涵

广泛开展文明旅游宣传活动，把景区景点建设成为传播文明、引领风尚的重要阵地。一是加强宣传引导。在公益广告设计设置上既

强调先入为主即视感，又注重润人心田新颖设计。在售票处、入口处、游客中心、停车场、主游路线等醒目位置利用公益广告牌、电子显示屏、宣传栏等多种形式，广泛宣传文明旅游公约和公益广告。印发《文明旅游倡议书》、"旅途漫漫文明相伴"停车提示卡，全方位、立体化营造文明旅游氛围，引导游客文明出行、无痕旅游。在景区重要位置设立文明监督岗，开展文明告知、文明提醒。二是策划实践活动。精心策划组织"文明旅游·你我同行""绿水青山无痕旅游""文明旅游为青岛加分·绿色出行让风景更美""垃圾分类新时尚·绿色环保我先行""小手拉大手，我是文明出行宣传员"等实践活动，引导广大游客和市民积极参与其中，潜移默化接受熏陶，自然自觉遵德守礼。三是开展志愿服务。各景区景点建立以员工志愿者为主、多渠道吸纳社会志愿者参与的志愿服务体系，经常性组织文明礼仪、应急救援、咨询服务等培训。高标准设置学雷锋志愿服务站，配备轮椅、婴儿车、急救包、爱心雨伞、共享充电宝等物品，摆放文明旅游宣传资料，常态化开展文明宣传、旅游咨询、秩序维护、基础医疗救护等志愿服务。注重发挥公共文明引导志愿者队伍作用，旅游高峰时期组织公共文明引导员在景区周边开展文明引导，志愿者们耐心细致的服务、文明有礼的劝导，成为青岛市文明创建一道亮丽的风景。

深化文明景区创建　建设考古遗址公园

——武汉东湖新技术开发区龙泉山风景区
文明创建工作经验

湖北省武汉市文明办

近年来，湖北省武汉市龙泉山风景区以创建文明风景旅游区、申创国家考古遗址公园为目标，致力于发展和谐旅游，大力营造文明和谐氛围。按照"严格保护、统一管理、合理开发、永续利用"的景区工作方针，以"营造一流环境、建设一流队伍、做好一流服务、争创一流业绩"作为创建主要内容，龙泉山风景区管理处积极更新观念、完善机制，努力实现管理和谐文明旅游景区。

一、坚持社会主义核心价值观引领，加强文明旅游宣传

龙泉山风景区强化宣传导向，让社会主义核心价值观入脑入心。广泛运用各类载体、场所扩大宣传，创新传播方式，增强宣传的吸引力；强化道德示范，引领时代文明风尚。

（一）设置宣传广告牌，开展志愿服务，强化道德引导。认真贯彻落实省区市关于文明景区宣传要求，在景区主干道两旁设置社会主义

核心价值观、道德模范人物等宣传牌，通过电子显示屏滚轮播放道德模范先进事迹、公益广告等视频，用道德的力量感化人、鼓舞人。常态化开展"学雷锋日"等文明志愿活动，加深游客、周边居民对文明创建理解，倡导文明旅游，强化文化涵养，提升群众精神境界。

（二）依法治景，规范景区标识标牌。龙泉山风景区严格遵守《风景名胜区管理条例》《城市文明公约》等国家有关法律法规，结合实际规范景区标识标牌，在景区出入口、遗址点采用中英文对照的各类说明和标牌，图文清晰，易于辨认。

（三）突出重点，树立典型，营造文明创建良好氛围。将文明创建工作纳入景区整体文化宣传工作，同《长江日报》《武汉宣传》《楚天都市报》等党媒、融媒体深度合作，大力发掘龙泉山风景区的亮点、特色，结合环境治理、文明旅游、基础设施建设等方面进行宣传。2019年军运会期间，多家媒体报道了以色列、比利时、柬埔寨军运会代表团前来景区参观的新闻。2020年景区闭园不停歇，全园奋力保障隔离后勤工作，景区"金牌导游"汪静的先进事迹登上《楚天都市报》，疫情后期，明楚王墓群文物保护项目抢先复工，成为武汉市首个复产复工的文保项目。

二、强化基础设施建设，将文明创建常态化

龙泉山风景区始终把文明景区创建工作作为重点工作，由景区负责人任组长、各部门负责同志为成员的精神文明建设领导小组，坚持每季度一次精神文明建设研究，半年一次总结，及时解决工作中出现的困难和问题。结合景区实际，创新工作方式，提高队伍素质，增强

▲ 昭园荷花池治理前

◀ 昭园荷花池治理后

▲ 遗址园区道路维修前

▲ 遗址园区道路维修后

▲ 昭王寝标识牌更新前

▲ 昭王寝标识牌更新后

服务意识。

（一）定期维修基础设施，提供便民服务。龙泉山风景区针对基础设施老旧问题，对登山步道进行了维护，增设栏杆；对景区内公园座椅、垃圾桶进行了更换；修复了主干道、昭园门前压坏路面。在游客中心、售票处设立"学雷锋"志愿服务岗，有序引导游客游览。同时从游客最关心，各方面反映最强烈的热点、难点问题入手，积极为游客排忧解难。深入推行信访投诉工作"第一接待人制度"，做到接待游客礼貌热情，解答疑问有理有据，处理问题积极主动，处理结果游客满意。

（二）注重环境和谐，打造星级厕所。龙泉山风景区按照打造精品景区的要求，营造和谐的旅游环境，对景区现有厕所进行维修。整饰天花板、墙面，更换便池、隔板、洗手台，增设婴儿尿布台、烘干机，为游客提供卫生干净、便民舒适的环境。组建环卫队伍，专门负责景区环境卫生管理。每天在景区开放前清扫路面垃圾、落叶，保证环境整洁；定期维护景区环境，突出绿化美化；专人清扫厕所等措施保证了景区的良好环境。

三、坚持"规划在先，建设在后"，创建考古遗址公园

1956 年 11 月 15 日，湖北省人民委员会公布明楚王墓群为"湖北省第一批文物保护单位"。2001 年 6 月 25 日，由国务院公布明楚王墓群为"第五批全国重点文物保护单位"。2009 年，湖北省政府公布《明楚王墓群文物保护规划》。2011 年，《明楚王墓群遗址保护详细规划设计》获国家文物局批准。2013 年至今，明楚王墓保护展示系列工程动工。

2018 年至今，为进一步加大龙泉山明楚王墓群保护挖掘力度，确定了以申报创建国家考古遗址公园为目标，重点推进风景区（明楚王墓群）发展。

（一）整治环境，突出保护。明楚王墓群系列文物保护工程对明楚九王陵园进行整治，更好地保护和展示了各遗址茔园。昭园环境整治和标识展示工程，对昭园内环境和排水系统进行整理维护，大大改善了昭园环境和绿化。明楚王墓遗址园区道路维修整理工程重新规划路线，道路两旁栽种绿植美化环境，安装路灯等便民设施，更好地保护了道路两旁文物，同时也为游客提供了一个更加舒适宜人的环境。2020 年，明楚王道路维修整理工程承办中国光谷健步行活动成为光谷"网红"打卡点。实施安全防范和电力改造工程，对明楚王墓群遗址园区进行全域监控，更大程度地保证了游客及文物安全。

（二）完善机制，以遗址公园为目标创建文明旅游景区。为不断强化龙泉山风景区资源保护，加强对不可再生文物的保护，实现自然与人文生态的和谐交融，武汉东湖新技术开发区成立龙泉山明楚王墓国家考古遗址公园申报创建领导小组，专门负责景区的申创工作。近年来，为实现考古遗址公园申创成功目标，龙泉山风景区的基础设施建设不断加强，景区环境得到极大提升，文物保护、考古发掘力度不断深入。我们相信，龙泉山风景区在习近平总书记"绿水青山就是金山银山"理念及系列文物保护重要讲话指示精神的指导下，在省区市有关部门的大力支持下，文明创建工作将迈上新台阶。

彰显景区文化底色　弘扬时代文明新风

重庆市沙坪坝区文明办

重庆市沙坪坝区作为巴渝文化的繁盛地、沙磁文化的发源地、抗战文化的聚集地、红岩精神的诞生地，拥有 A 级景区 6 个，抗战遗址 80 余处，红岩遗址渣滓洞、白公馆，千年古镇磁器口更是展示重庆城市形象的重要文明旅游窗口。近年来，沙坪坝区深入落实习近平总书记对重庆提出的"两点""两地"定位要求，紧紧围绕创建全国文明城市中心工作，坚持以文化人、以文润景的发展理念，积极涵养城市文明，着力打造文化底蕴厚重、文明魅力富有的景区景点。

一、根植红岩文化，播撒文明种子，开启城市文明"新征程"

一是传承弘扬，发挥阵地堡垒作用。坚持把培育和践行社会主义核心价值观融入景区景点打造全过程，实施红色基因传承工程。充分发挥红岩遗址、抗战遗址爱国主义教育基地的阵地作用，开展红色旅游，为游客提供"探寻红色之旅传承红色基因"免费讲解服务，开展"小萝卜头"革命事迹主题宣讲活动，不断深化"千万市民升国旗"活动。二是推陈出新，营造文化育人氛围。深入挖掘经久传唱的《红梅赞》发祥地的文化资源，深度融合地标建筑和园林绿化，打造 5 万平方米"红梅林"，营造寓教于乐的人气打卡点。就地取材拍摄"向祖国告白""我和我的祖国"系列快闪文化作品，为游客提供更多的精神食粮和文化大餐。发挥辖区良好的生态优势，致力于打造红岩5A级景区和国家级文化产业园的"超级IP"。三是志愿服务，搭建文明传播平台。依托新时代文明实践中心，通过"景校联合、景社联合、景企联合"建立志愿服务阵地10个，组建志愿服务队伍16个。开展"文明服务·争做诚信沙磁人""文明窗口微笑服务"等特色服务活动，设立学雷锋志愿服务站。通过"游客点菜、景区派单、高校接单"联建模式提供免费导游服务，开展志愿服务活动近2000场（次）。全国第一条景区志愿服务文化展示街——"志街"成为中央文明办《学习雷锋好榜样》快闪作品拍摄地。磁器口古镇金蓉社区荣获全国最美志愿服务社区、"古镇义务消防员"钟庭全荣获"中国好人""志愿景区·我为游客当导游"荣获重庆市最佳志愿服务项目。

二、挖掘沙磁文化，培育文明细胞，续写城市文明"新篇章"

一是"创建惠民"展现景区文明新面貌。按照因地制宜、人车分离的原则，投资1.9亿元改造核心旅游景区沿线公路设施，新增1420余个停车位，投入2000万元整治绿地3万平方米。不断推动"厕所革命"迈上新台阶，新建改造12座旅游公厕。投入1.7亿元完成旅游景区周边119户D级危旧房改造，拆除违法建筑170万平方米。大力整治景区旅游秩序，打击"黑车黑导"1000余起，出动检查3854人次，景区环境得以根本性改善，游客满意度大幅度提升。二是特色"非遗"畅享景区文明新时尚。充分挖掘沙磁文化发祥地的丰

▲ 整治前的中梁镇"慢城花海"

◀ 整治后的中梁镇"慢城花海"

▲ 整治前的童家桥街道川外小铁路

◀ 整治后的童家桥街道川外小铁路

317

▶ 磁器口古镇之夜

▶ 全区中小学生代表在红岩魂
广场开展"点赞公民——
千万市民升国旗"活动

▶ 文艺志愿者在磁器口古镇参
加志愿服务快闪活动

厚人文资源，大力培育以"重庆蜀绣""陈麻花"为代表的具有鲜明地方特色的"非遗"手工制作旅游项目，让游客在畅游沙磁景点时不仅能体验本土特色"非遗"文化产品的制作过程，还能作为旅游纪念品、伴手礼馈赠亲友，让沙磁特色"非遗"活起来、动起来、留下来。三是"一米线"守护景区文明新通道。疫情期间，线上线下大力开展文明旅游提示，游玩先预约、出入测体温、亮出"渝康码"、设置"一米线"，确保景区景点井然有序。结合"防疫有我爱卫同行"爱国主义卫生运动，对景区景点展开严格的消杀。在"吃得文明"的倡议下，景区餐厅餐具严格消毒，公筷公勺成餐桌标配，营造吃得放心、住得安心、游得开心的文明旅游环境。

三、振兴乡土文化，弘扬文明风尚，擘画城市文明"新蓝图"

一是倡导生态文明理念，深化美丽乡村建设。深入推进"山水之城美丽之地"乡村建设，以国际慢城为抓手，完成 11 条歌乐山沿线山城步道建设，运用"文化＋旅游＋农业"的模式，打造符合市民需求的舒适休闲"慢生活""慢文化"景区景点项目。落实生态文明传播，着力打造科普文化体验基地"萤火谷"文创农场，利用国际生物多样性日举办萤火虫节亲子活动，营造人与自然、家庭和谐的良好氛围。二是培育文明新生活，传承创新乡土文化。因地制宜培育出永宁寺村"荷塘月色"、三河村"远山有源"等乡村文化景点大院，精巧布局乡情陈列馆、乡村书屋、乡村舞台、游客驿站等便民文化旅游载体。创新开发胡南坝村"凤凰花海"、丰文街道"远山有窑"等乡土文化体验项目，开展植物课堂、土法制陶、乡旅风情等乡村互动旅游活动，吸引游客达 320 余万人次，成为广大游客"看山望水、记住乡愁"的精神家园和乡愁故园。三是涵养文明习惯养成，塑造文明时代新风。坚守为民惠民利民的创文初心，开展"文明·漫沙磁"主题系列活动，通过"文明漫画""文艺漫品"展播，"文明事迹"漫谈漫读的形式，引导游客自觉践行文明行为。深入实施公民道德建设工程，组织游客参与"文明随手拍"活动，实时曝光纠正不文明旅游行为。利用"我们的节日"，开展"龙腾狮跃迎新春·民俗文化展魅力"巡游展演活动，为游客带来原汁原味、多姿多彩的文化盛宴，提升游客文明素养。

提升景区质量水平　助推文明城市创建

四川省自贡市文明办

四川省自贡市地处四川省南部，1939 年因盐设市，是全国最早设立的 23 个建制市之一，辖区面积 4381 平方公里，人口 328 万人，因以"盐、龙、灯"为主的文化旅游资源独具特色而享誉中外，是国家历史文化名城、中国优秀旅游城市、国家园林城市。2018 年被认定为全国首批国家文化出口基地。

2015 年，自贡市获得第五届全国文明城市提名城市，全面启动全国文明城市创建工作。5 年多来，在景区景点文明创建方面做了许多探索和努力，尤其是在本轮创建周期，全面对标查问题、补短板、促提升，实现连续两年零失分，文化旅游资源焕发新生，走出了一条文明城市创建与文旅产业发展互融互促的新路子。

一、坚持高位推动，突出统筹谋划

自贡市委、市政府始终把创建全国文明城市作为各级党委政府"一把手"工程，站在"培塑自贡形象，提升区域价值，增进群众福祉"的高度来推动创建。一是突出规划引领，构建创建新格局。坚持全市"一盘棋"布局，加强统筹谋划，将景区景点文明创建与自贡市全国文明城市创建、国家全域旅游示范区创建、国际文化旅游目的地建设等重大战略目标有机统一、同频共振，推动景区全域优化、产业全域联动、服务全域配套。二是健全工作机制，推动可持续发展。建立文明旅游联席会议制度，常态化推进景区文明创建工作，充分发挥政府和市场"两个作用"，推行以奖代补，建立健全多元化投入机制，引入市场和民间资本参与景区投资建设与运营，切实解决老旧景区景点创建资金投入不足问题。三是压实主体责任，实行动态化监管。制定《自贡市 A 级旅游景区常态化监管方案》，强化文明城市创建旅游景区自身主体责任、政府属地管理责任、行业部门监管责任。每季度通报明察暗访工作情况，建立投诉绿色通道，共同推进景区景点创建质量提升。

二、标准融入建设，全面提升品质

将全国文明城市创建标准全面有机融入全市 13 个 A 级景区建设全过程，认真吃透创建工作测评体系和操作手册指标，逐条梳理，对标创建，全面提升景区景点质量水平。一是强化宣传阵地打造。在游客中心、售票处及景区园内显著位置刊播社会主义核心价值观，科学合理的设计制作有机融入环境的景观小品，"讲文明树新风""文明健康 有你有我"公益广告和文明旅游温馨提示标识等，让文明宣传内容随处可见。二是加强景区标准化建设。投入专项创建改造经费 348 万元，实施硬件设施提挡升级行动。新建母婴室 6 个，改建公共卫生间 8 座，更新消防设施 25 个，新建垃圾分类箱 67 个，改造无障碍设施 16 处，所有景区景点全覆盖增设"排队一米线"标识或标牌。三

▲ 自贡市燊海井景区创建前场景

▲ 自贡市燊海井景区创建后场景

▲ 自贡市燊海井景区创建前场景

▲ 自贡市燊海井景区创建后场景

是提升景区内外环境质量。自贡市恐龙博物馆、花香田园、彩灯馆等景区设置人行专用通道，新增停车位 327 个，实现人车分流，解决人车混行的安全隐患。将景区周边整体纳入棚改范围，因地制宜进行风貌塑造，将创建体系延伸至景区末端。

三、优化管理服务，推进常态长效

以完善管理制度和服务功能为重点，建立健全日常管理和应急处置机制，抓好景区软件建设，保持创建达标常态化。一是持续美化净化环境。建立专业保洁团队，高频次做好卫生保洁，解决景区全域范围内垃圾未分类，垃圾乱堆放、清运不及时，路面、立面不整洁，小广告乱涂写、乱张贴以及游摊小贩等问题，景区内外环境卫生得到持续改善。二是依法规范强化管理。全市 A 级景区配备专业管理人员223 人，强化旅游秩序监管和服务，积极维护景区公共秩序。坚决制止景区内违章停车、强买强卖、占道经营、小广告乱张贴等行为，及时解决游客投诉问题，处理率达 100%。三是开展学雷锋志愿服务活动。严格对照学雷锋志愿服务站"六有"建设标准，在全市所有景区设置志愿服务站点，全方位、全天候认真做好文明旅游宣传引导、疫情防控等服务工作，广泛组织志愿者劝导游客杜绝乱扔杂物、随地吐痰、损坏公共设施等不文明行为。

四、创建助推发展，彰显文化底蕴

文明是一座城市最厚重的底色、最深沉的自信，以文兴旅、以文兴业、以文兴城是发展大势。一是培塑标志性品牌，成功创建玉章故里、恐龙博物馆等国家 4A 级旅游景区 7 个，国家 3A 级旅游景区 5 个。第 26 届自贡灯会重启开园，新增抗疫主题灯组被中央媒体报道，开园持续 33 天，累计接待游客 17.5 万人次，创造性开展"云赏灯"吸引观众近 70 万人次。二是发挥辐射带动作用，以文明城市创建景区点位为核心，打造出灯城风采、恐龙探秘、井盐文化、红色人文等精品线路 8 条，完善城市公共交通服务网络，开展文明旅游、文明交通、文明餐桌三大行动。三是秉承惠民理念，以釜溪文创公园、仙市古镇等文明城市创建热门景区为核心，发展周边"地摊经济"，设立临时摊位 6480 余个，把城市路边摊变为"正规军"，在维护市容和秩序的同时，有效解决文明城市创建中流动摊贩"散、杂、乱"管理顽疾。

自贡市在全国文明城市创建过程中，能够将劣势景区创建转化为优势点位，归根到底就是，将景区创建具体问题具体分析，充分与城市特色文化旅游产业发展相融合，解决好创建领导体系、项目资金保障和可持续发展三大关键问题。下一步，我们将继续牢固树立创建利民、创建为民的理念，以群众的根本利益和长远利益为出发点，在全国文明城市创建过程中，坚持疏堵结合、精准施策，推动创建工作提质增效，切实增强人民群众福祉。

吴忠市博物馆融入创建促提升

宁夏回族自治区吴忠市文明办

　　宁夏回族自治区吴忠市博物馆是国家 3A 级景区，自治区社科普及教育基地、宁夏党史宣传教育基地、爱国主义教育基地、自治区首批公共文化设施学雷锋志愿服务示范单位、吴忠市禁毒警示教育基地、吴忠市学雷锋志愿服务基地、大学生思政教育实践教学基地、吴忠市首批中小学生研学实践教育基地。

　　吴忠市博物馆坚持以培育和践行社会主义核心价值观为根本，把加强爱国主义教育、培育公民思想道德素质、弘扬优秀传统文化作为创建工作的重中之重。

一、广泛宣传，营造创建氛围

　　吴忠市博物馆充分利用微信公众号平台进行线上宣传，通过 LED 电子显示屏在醒目位置张贴文明创建公益广告、放置宣传展示牌（栏）等进行线下宣传。在博物馆门前广场周边设立社会主义核心价值观、遵德守礼、文明吴忠等公益广告景观小品、固定宣传牌 14 块，文明旅游公约景观小品 6 块，"文明健康　有你有我"公益广告宣传牌 4 块，文明提示牌 10 块。在馆内主要场所制作悬挂道德模范、战"疫"模范、"中国好人"等模范先进事迹展示牌 20 块，行业规范制度展示牌 7 块。设置卫生间张贴节约用水标识牌 36 块、禁烟标识牌 40 余块，无障碍通道指示标识 20 处。张贴社会主义核心价值观、文明旅游海报、消防安全知识海报等约 50 份。面向广大旅客发放创建全国文明城市宣传册 6000 余份、文明旅游宣传册 5000 余册、疫情防控知识宣传册 3000 余份，全方位多视角营造宣传氛围。

二、多措并举，以党建促服务

依托博物馆爱国主义教育基地、宁夏党史宣传教育基地、学雷锋志愿服务基地，积极开展群众性精神文明创建主题教育活动。自 2018 年以来，先后举办、联办"辉煌 98 载——纪念建党 98 周年党建党史展""不忘初心、牢记使命——红色档案文献展"等主题活动 6 次，进一步弘扬社会主义核心价值观，激发爱国热情。利用"5·18 国际博物馆日""我们的节日"等重大节日积极开展爱国主义和社会主义核心价值观等主题教育活动，活动期间共接待参观单位约 400 个，参观人员约达 2 万余人次。接待开展主题党日活动机关企事业单位约 120 个，参观的党员干部约 1.6 万余人次。进一步完善服务体系，开设道德讲堂，设立"学雷锋志愿服务站"，强化文明引导员作用发挥，开展咨询服务、免费讲解、免费寄存、医药急救箱、爱心雨伞、轮椅、残障服务等志愿服务。截至目前，开展较大型志愿服务 73 场（次），参加志愿活动人数达 1000 余人次。设置母婴室并购置所需设备，为残疾人设置了专用卫生间和通道，营造了浓厚的志愿服务氛围。

▲ 学雷锋志愿服务岗设立前

▲ 学雷锋志愿服务岗设立后

▲ 疫情防控闸口设施设立前

▲ 疫情防控闸口设施设立后

三、完善设施，提升服务质量

加强博物馆团队精神文明建设，常态开展文明礼仪培训、业务大赛、户外拓展等活动，不断增强团队的文明服务意识和能力。坚持以人为本的服务理念，增设观众休息厅和旅游纪念品商店，为游客提供休息、阅读、开水、购物、免费网络等服务，力求打造舒适、轻松的旅游参观环境。及时更换修复破损地砖、扶手等。要求保洁人员上班时间随时维护环境卫生，保持馆内干净整洁。针对常态化疫情防控新情况，购置口罩、消毒液等，放置在场馆入口处，便于参观人员消毒使用。在休闲区放置饮水机、报刊架，便于参观人员使用。平时注重对馆内外设施设备进行全面维修维护和环境卫生进行全面整治，为游客营造一个干净整洁的参观环境，提高游客舒适度和满意度。定期组织工作人员、志愿者专业技能培训，努力提升服务的专业化规范化水平，为全国文明城市创建作出应有贡献。

创文明景区　展旅游风采

新疆维吾尔自治区吐鲁番市文明办

坎儿井是吐鲁番古代先祖智慧的结晶。吐鲁番干旱少雨，为解决吃水和农田灌溉问题，吐鲁番人发明了坎儿井。坎儿井作为古代三大水利工程之一，在吐鲁番的经济发展中起到了积极的促进作用。目前新疆维吾尔自治区吐鲁番市有坎儿井 1000 多条，其中有水的坎儿井 400 多条。吐鲁番坎儿井民俗园是吐鲁番坎儿井的主要代表之一，过去，景区因过于追求经济效益，造成经营秩序不规范、服务质量不高等问题，多次被游客投诉。2018 年以来，景区按照市委、市政府创建全国文明城市工作的整体部署，针对问题，通过"三抓三着力"，强化宣传教育，创新管理模式，提高服务质量，不断推进景区健康发展，取得了良好的经济效益和社会效益，成为吐鲁番市旅游业的一张亮丽的名片，助力吐鲁番市创建全国文明城市。

一、抓投入，着力夯实创建基础

一是狠抓卫生健康服务建设。设计制作坎儿井民俗园生态垃圾箱 35 个，卫生管理责任到人，做到全日保洁无卫生死角、厕所洁净无异味。在景区设有医疗服务室，实行定点医院救护机制。景区公共区域禁止吸烟，设有专门的吸烟场所，安排专人监督劝导。二是狠抓游客服务设施建设。加强游客中心建设，配备全新的景区导游信息服务系统、音像设备，制作了视频、导游图、宣传折页、网站页面等宣传资料。沿景区主要游线增设背景音乐和旅游指示牌，在游客服务中心设立了导游休息点，安装空调、饮水机等设备，为游客提供了休息交流的平台。三是狠抓商业网点服务建设。加大购物一条街管理力度，设立 POS 刷卡点，解决了景区信用卡消费的空白。配合有关部门定期对景区内的商铺进行全面检查，取缔私设摊点，实行定点、亮证挂牌，明码标价经营，规范经营秩序，让游客放心愉快地购物游玩。四是狠抓安全服务设施建设。在参观区域增设多处安全警示牌、宣传牌和标志牌。对景区宾馆、餐厅设备设施进行更新改造和新建，增设景区全覆盖视频监控设备，景区内所有消防设施都通过特种设备检测中心检测合格。在景区入口设置"一米线"提示，引导游客有序排队，保持适当距离。

二、抓管理，着力提升服务质量

一是树立优质服务理念。按照文明景区要求，制定旅游质量、旅游安全、旅游统计等内部管理制度，各部门有秩序、有组织地开展优质经营服务工作。设立志愿服务岗，广泛开展文明旅游志愿服务，做好文明劝导、便民服务、爱心帮扶、环境保护等公益服务，落实对军人、残疾人、老年人、儿童等群体，以及道德模范等先进模范免费游览制度。二是提高旅游服务质量。不定期对游客发放测评表，开展"星级员工评比"活动，设立投诉处理中心，设有意见箱和意见簿，公布监督投诉电话，广泛听取意见，接受社会监督，并安排专人负责处理投诉。加强接待人员的服务技能，提高服务意识，统一服装，持证上岗，规范服务。三是做好安全保卫工作。严格警惕意外事故发生，做好值班记录，保持良好秩序，确保消防等各类安全设施运行良好，定期对操作人员进行培训，建立安全台账。近年来，景区未发生任何安全事故。四是加强精神文明建设。积极培育和践行社会主义核心价值观，把社会主义核心价值观要求融入景区规章制度、融入职工日常生活。开展文明岗位、文明窗口创建活动，加强开展职业道德教育，践行爱岗敬业、诚实守信、办事公道、热情服务、奉献社会的职业道德。

三、抓亮点，着力打造特色品牌

一是注重宣传倡导文明风尚。在景区入口 LED 电子显示屏上播放精神文明创建宣传标语，在显著位置设置"讲文明树新风""文明健康　有你有我"公益广告牌，悬挂各类文明旅游提示牌、设施牌、景点说明等，做到时刻提醒游客文明出行、文明旅游，为旅游提供便利服务。二是丰富创建活动内容。常态化开展"优秀讲解员""服务明星""每月之星"活动，每月组织开展政治理论学习、业务知识学习，提升员工理论素质和业务水平，增强团队凝聚力，树立人人争当主人翁意识。三是不断加强教育管理。在员工和游客中不定期开展政策法规、道德、文明礼仪、文明旅游、社会主义核心价值观宣传活动，深入开展诚信教育，推进诚信建设不断深化。建立员工和景区附近居民结对帮扶学习机制，组织景区员工帮扶指导周边居民开展学习。四是

▲ 景区门口

◀ 景区内

▲ 景区内特产售卖柜台

◀ 景区入口

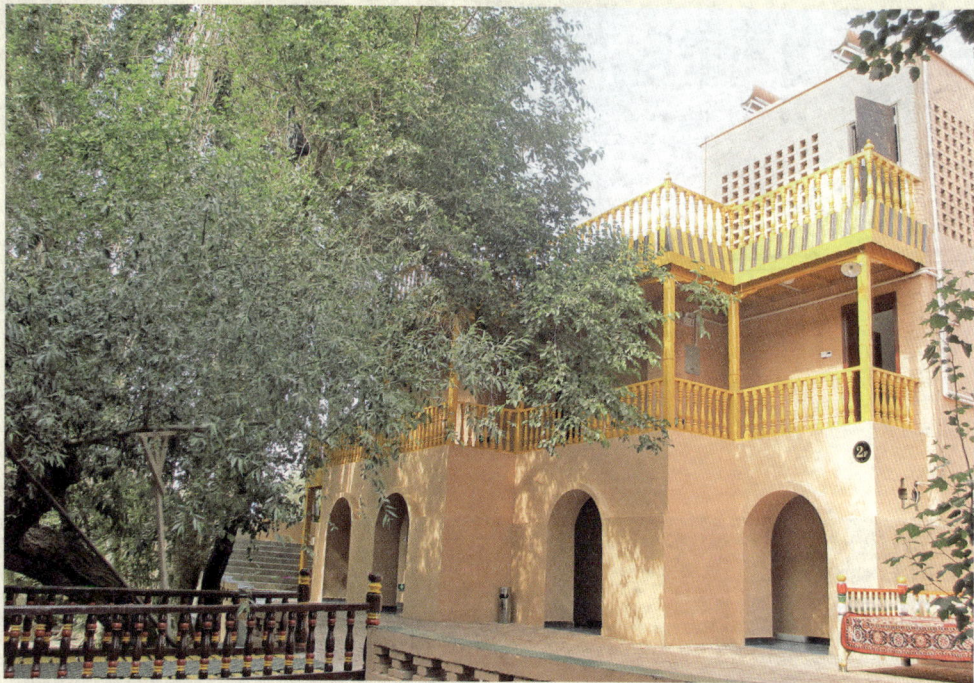

▲ 吐鲁番坎儿井治理后

精准扶贫促进增收。把帮扶景区附近居民脱贫致富作为重要工作，与联盟商家共同携手，开展手把手、一对一结亲活动。将景区内部分摊位无偿提供给当地残疾、贫困群众，开展上岗技能培训，促进致富增收。群众为吸引更多游客到来，积极主动开展文明旅游宣传、环境卫生整治活动，形成了良性互动。

通过坚持不懈地狠抓文明景区创建工作，景区面貌整齐洁净，职工精神饱满，服务文明有礼，各部门之间比工作、比干劲、比贡献蔚然成风，为游客提供优质的服务成为全体职工的自觉追求。

十　市辖区乡镇篇

打好长效建设组合拳　提升文明创建硬实力

——宿迁市湖滨新区打造黄墩镇点位案例

江苏省宿迁市文明办

近年来，江苏省宿迁市湖滨新区认真按照全国文明城市测评体系要求，贯彻全市有关文明城市长效建设工作精神，牢固树立"文明城市建设只有起点、没有终点，只有更好、没有最好"的理念，统一思想认识，扎实对照"标尺"，全力提升黄墩镇整体风貌，切实巩固文明城市长效建设成果。

一、强化配套设施建设，夯实文明创建基础

着力完善镇区功能，完成湖畔人家二期、镇区老旧街区改造以及黄墩大道、白鹭湖公园、乡情馆、农贸市场改造提升等一批重点项目建设，不断满足群众公共服务需求；着力补齐配套短板，实施镇区雨污水管网改造、生态停车场建设、镇区道路改造等项目，共改造完成镇区雨污水管网 10.2 公里，改造新建公厕 7 座，不断完善群众生产生活条件；着力提升镇区形象，稳步推进街区绿化亮化及街道门头招牌更换工程，更换门头招牌 256 个，栽植绿化苗木 2300 余株，铺设草坪 3000 余平方米，不断提升居民生活环境。

二、推进生态环境治理，打造绿色宜居环境

扎实推进农村人居环境整治，集中开展河道疏浚、街道清洁、庭院清扫、废旧旱厕拆除、垃圾分类处理等活动，全力营造干净、整洁、有序的宜居环境；深入推进"263"专项整治行动，狠抓"散乱污"长效监管，持续抓好燃煤锅炉整治、畜禽养殖整治、黑臭水体治理等工作，从源头上为生态减负；大力开展水环境治理工程，对镇区及周边 10 条河道约 27.2 公里河道进行疏浚清理、水系沟通、岸坡整治，确保水系畅通，让"水流起来、河清起来"，为群众生产生活提供良好文明环境。

三、创新基层社会治理，构建有序生活秩序

强化工作举措，以治脏、治乱、治差为重点，全面推行"全要素"网格化治理，建立镇、村服务平台，实现"网格 + 网络"工作新模式；探索建立"物业 + 支部"小区管理方式，紧盯主要街道、背街小巷、农贸市场等重点区域，坚决整治"房乱建、线乱拉、道乱占、车乱开、摊乱摆"等现象，努力提升镇区管理水平和品质形象，实现农村小区管理制度化、正规化。

四、积极开展文明宣传，大力倡导乡风文明

积极开展"宿迁文明 20 条"、社会主义核心价值观、讲文明树新风等文明宣传，在镇区新添景观式小品宣传 6 处、各类地插 220 余处；

◀ 黄墩镇区原貌

◀ 黄墩镇区新貌

▲ 曹瓦老街原貌

▶ 曹瓦老街新貌

▶ 曹瓦老街新貌

积极开展文明排队、道德讲堂、"我们的节日"、"廉洁文化润万家"、送戏下乡等活动，常态化推进社会主义核心价值观宣传普及；发挥乡风文明理事会、大支协会等作用，认真贯彻落实乡村振兴战略，扎实推进移风易俗、人情减负，从农村红白喜事入手，大力倡导"喜事新办、丧事简办、小事不办"节俭办事的乡村文明新风尚；深入开展"文明清风"行动，完善关爱未成年人、志愿者服务体系，积极开展"文明村、文明家庭、身边好人"等一系列文明评选活动，通过典型引领，进一步传承淳朴民风，营造文明乡风。

五、强化创建实绩考核，健全长效工作机制

定期对已整改的问题开展"回头看"，巩固整改成果，确保日日有变化、周周有提升，不发生回潮反弹现象；对于困扰镇区管理的老大难问题，实行交办销号制、督查通报制等，建立健全长效治理机制；加强文明城市长效建设工作的督查考核，把工作实绩作为各单位、村居评优考核的重要依据，实行严格的督查通报和责任追究制度，着力推进文明城市建设工作常态化、长效化。

威家镇四措并举　提升文明创建水平

江西省九江市文明办

　　建成区外的乡镇（街道）大多处于城市郊区，远离城市中心，环境脏乱差现象易发、多发，在全国文明城市创建测评中易失分、丢分。江西省九江市瞄准这一创建"短板"，坚持"城乡一体、全域创建"，对建成区外的 14 个乡镇文明创建工作进行每季度单项考核、排名、通报，排位靠前的乡镇，每次给予 10 万—30 万元资金奖励，排名后 3 名的在创建大会上表态发言，区党委、政府部门将考核排名结果用于乡镇综合评优评先及干部提拔等使用，较好地调动了建成区外的乡镇（街道）党委、政府潜心投入、真抓实干文明创建工作的积极性。如今，九江郊外的乡镇集镇街道比城市中心繁华区还要干净，集镇的居民小区环境堪比城里的高档楼盘，居民的满意度非常高。位于濂溪区南郊的威家镇就是其中典型之一，主要做法如下。

一、狠抓组织领导，强化责任落实

　　镇党委、政府高位推进文明创建工作开展。一是强化责任落实，明确党政一把手亲自抓、分管领导具体抓、其他班子领导一岗双责，将创建任务层层分解到人，并制定具体奖惩措施。二是加强统筹推进，党政班子会议坚持每月研究部署文明创建工作，坚持科学指导、统筹规划，明确阶段工作任务目标。三是细化工作调度，经常性开展现场督导，强化统筹协调，形成以上率下、齐抓共管和全体镇、村干部人人有责、社会力量全面动员、群众积极参与的良好局面。

二、加大经费保障，务求创建实效

镇党委、政府在创建工作开展之初就结合本镇实际认真研究部署，以打造宜居宜业宜游的特色小镇为目标，陆续投入 600 余万元抓好集镇改造提升，并且每年投入不少于 100 万元，确保文明创建工作出实效。一是补强基础，对全镇的老旧设施、卫生死角进行集中整治。全面清理"牛皮癣"小广告，对居民小区楼道内外小广告进行全面清理并粉刷墙面 7 万余平方米，整修破损人行道和路面 2000 余米，更换枯死行道树木 200 余株，划定主要道路、驻镇单位、居民小区停车位和非动车位 800 余个；统一店招、规范经营，对集镇农贸市场进行改造升级；对已拆除棚户区进行场地平整、增设围挡 2200 余米，并做好绿植美化，集镇整体形象得到提升。二是打造亮点，提升人居环境。高标准建设休闲小游园并配备公共厕所，改造升级镇综合文化站，精心打造社区便民服务中心，统一集镇经营店面招牌样式，对镇、村公共场所进行"白改黑"，绿地定期修整养护并设置小栅栏 1300 余米，在集镇主要路段重要节点栽植绿化苗木和花卉 8 处，在威家中路和威家北路行道树间隔摆放木质景观花盆 120 个。三是推行服务便民举措，探索提升集镇管理水平。协调公交公司设立公交线路，在小区内建设非机动车停车棚并设置智能充电桩，在庐苑小区建设智能安防系统等，极大提升了居民的安全感和满意度。同时，把文明创建宣传有机融入到集镇改造中，科学设置镇、村两级精神文明建设宣传栏，精心选取户外公益广告，在草坪上设置爱护花草树木的小提示，营造文明创建的浓厚氛围。

三、做好宣传引导，培育文明新风

一是全面动员，将全镇干部思想统一到文明创建工作中，把集镇周边划分为 10 个责任片区，班子成员带队包干负责，定期对创建进度和整改情况进行督导调度。经常性组织义务劳动，坚持开展社区服务、交通文明劝导等志愿服务活动。二是开展法律服务进社区、道德模范宣讲等户外宣传活动，开展星级文明户评选等活动，使文明创建工作深入人心，同步协调发动驻镇单位及企业参与创建活动，切实提高群众参与的自觉性。三是在小区管理中做好日常文明行为劝导，发动群众自我管理自我监督，让小区居民自觉做到不在绿化树木上晾晒衣物、不踩踏草坪、不乱堆乱放、不随意倾倒垃圾等，文明创建深入人心，得到了群众真心拥护。

四、强化机制建设，落实长效管理

一是做好日常管理不放松，环卫、执法、物业管理等部门各负其责，做到及时清扫保洁，垃圾及时清运；机动车、非机动车有序停放；经营门店前不堆放杂物、不出店经营；小区内车辆停放管理规范，没有"牛皮癣"小广告，没有随意堆放杂物和不文明养犬等行为。

▲ 交通路口改造前

◀ 交通路口改造后

▲ 人行道改造前

◀ 人行道改造后

▲ 小游园改造前

▶ 小游园改造后

▲ 文化站场地改造前

▶ 文化站场地改造后

二是实行督查机制，由镇创建办做好每日工作督查，每周工作通报，现场发现问题、交办问题、解决问题；对不能当场整改的做好协调调度、跟踪督办；对于解决不了的逐级报告直至党政主要领导，确保各类问题及时快速处理。督查检查工作实行跟踪问效，确保各项创建要求整体有效推进。三是落实工作奖惩，对在创建工作中表现突出的单位和个人，作为评比表彰先进等的重要考核依据，对工作不到位、造成不良影响的单位实行"一票否决"，对个人按规定予以处分。

以"三网三联三化"助推文明乡镇建设

河南省南阳市文明办

河南省南阳市卧龙区以文明城市创建带动文明村镇创建，深入实施"三网三联三化"工程，促进城乡创建协调发展，成功创建了全国文明村镇七里园乡达士营村和王村乡郑岗村，省级文明村镇安皋镇、陆营镇东岳庙村等一批示范村镇。

编织"三网"推动乡村基础设施提升。坚持绿色、共享发展理念，大力实施乡村基础能力建设提升工程，解决城乡统筹发展不均衡、农业农村发展相对滞后问题，加快林网、水网、路网"三网"建设，推进实施乡村振兴战略，让农民共享发展成果，让城乡环境越来越美。一是织林网，编织绿色屏障。扎实践行"绿水青山就是金山银山"的卧龙实践，造林3.3万亩，获得"绿水青山就是金山银山"——南阳市"两山"擂台赛银杯奖；加大乡村游园建设力度，并注重融入乡贤文化、民俗文化、传统文化，已建成乡村游园28个，把游园建在了农民家门口，让农民和市民一样共享生态文明建设成果。二是建水网，打造生态水系。按照"一村一品、一坑一策、一坑一景"的原则，大力实施"千村万塘"综合整治，累计投入资金3000余万元，完成坑塘标准化整治852座，建成景观坑塘51座，疏浚沟渠170余公里，形成景观水面600余亩，形成了"沟渠为线、坑塘为点、点线相连"

▲ 谢庄镇钟灵毓秀湖建成前

◀ 谢庄镇钟灵毓秀湖建成后

▲ 谢庄镇康营村——王村乡罗冢村公路
修建前

◀ 谢庄镇康营村——王村乡罗冢村
公路修建后

▲ 潦河坡镇生态景观林建设前

▲ 潦河坡镇生态景观林建设后

的区域生态水网，全区农村再现"荷塘月色"，留住了乡愁。三是筑路网，提升畅通能力。谋划了"七纵七横"路网建设计划，高标准建设县乡公路12条194公里、改造危桥12座1357米、改建通村公路300公里以上，建设公交首末站、客运场站、港湾站328个，乡村三级客运网络基本建成，同时，大力开展路域环境集中整治，辖区道路环境实现了整洁、美观、畅通。

构建"三联"推动乡镇管理水平提升。实施省级文明单位联带、城区先进社区党支部联带、结对帮扶"三联"帮带模式，切实解决乡村治理水平低下问题。一是文明单位联带乡镇。明确全市18个省级文明单位对口帮扶近郊乡镇，发挥其优势资源和表率作用，在氛围营造、公益活动、窗口服务等五个方面进行帮扶，实现了乡镇公益广告宣传达标、创文队伍素质和服务水平大提升。二是文明社区联带行政村。明确中心城区23个文明社区党支部对口帮扶乡镇23个行政村党支部，通过人员定期交流使用、资源互补互通互用等措施，显著增强了农村党支部的凝聚力、战斗力。三是爱心企业结对帮扶。深入开展"千企帮千村"活动，组织动员辖区145家企业，对全区126个行政村实行村企结对帮扶，引导通过捐款捐物等形式，参与所帮扶村基础设施建设，积极开展"志智双扶"、爱心助学、走访慰问等帮扶活动。

实施"三化"推动乡镇文明素质持续提升。实施乡镇综合整治常态化、移风易俗常态化、倡树典型常态化"三化"建设，破解乡镇创文向心力难题。一是乡镇综合整治常态化。持续实施"千村示范、万村整治"工程，推进农村"厕所革命"和生活垃圾污水治理，全面推行"户分类、村收集、镇中转"垃圾清运制度，新建一批"四美乡村"，建设安居乐业的美丽家园。二是移风易俗常态化。以创建文明家庭、星级文明户为抓手，深化农村移风易俗，建立完善了农村"一约五会"制度，开展了"志愿服务乡村行""万名志愿者参与农村环境整治、助力脱贫攻坚""推动移风易俗树立文明乡风"等系列主题实践活动，共开展了"寻找村宝""广场舞""义诊送健康""扶贫助残"等活动600多场，推进文明乡风建设。三是倡树典型常态化。在全区农村广泛开展了"身边好人""文明家庭""最美脱贫户""致富能手""好媳妇""好婆婆"等评选活动，涌现出了"中国好人"解建业、2020年河南省"乡村好乡贤"黄如连、"乡村好党员"黄国顺等一大批先进典型。

草坪镇乡风文明扮靓美丽乡村

湖南省常德市文明办

　　湖南省常德市鼎城区草坪镇地处沅水之南、枉水之滨，紧邻桃花源机场，是"中国民间文化艺术之乡""中华诗词之乡"。近年来，草坪镇充分发挥文化优势，大力推进文明村镇创建，推动移风易俗、树立文明乡风，为打赢脱贫攻坚战、实现乡村振兴奠定了坚实的基础。

一、强基础，创建"有品质"的文明乡村

　　草坪镇民间文艺活跃，"草坪歌舞"蜚声全国，民间文化的发展为乡村振兴提供了丰厚的滋养。

　　（一）加大文化投入。近年来，草坪镇先后投入近 2000 万元，修建了文化广场、文化展示馆，各村依托村级综合服务平台修建了乡村大舞台、文体活动室、图书室等一系列公共文化设施，特别是乡村大舞台为广场舞爱好者提供了训练场地，现在草坪镇广场舞协会成员已经超过千人。积极倡导新乡贤文化，大力开展"引老乡、回故乡、建家乡"活动，优秀乡贤回报家乡的热情不断高涨，踊跃投资建设文化广场、捐资修路、建设幸福屋场。

　　（二）注重队伍建设。通过政府引导和扶持，草坪民间歌舞剧团

已发展到 37 个剧团 900 余名从业人员，全镇演出总收入达到 3500 多万元，形成村村有剧团、组组有演员的局面。2015 年，草坪镇积极整合资源成立三家演艺集团，剧团管理实现规范化。与湖南文理学院确立长期战略合作伙伴关系，使民间演员得到正规化培训。与当地中小学和舞蹈培训机构联系，创办地花鼓、渔鼓培训等民间传统文化培训班，为传统艺术的传承提供了新鲜血液。

（三）开展文明实践。草坪镇成立了新时代文明实践所，各村（居委会）成立了新时代文明实践站，吸纳了一批农技、文化、法律等领域能人成为志愿者，将新思想、新知识、新理念、新风尚传播到田间地头。各村还因地制宜，修建了各具特色的新时代文明实践广场，成为集思想引领、道德教化、文化传习、休闲娱乐等功能于一体的综合平台。

二、惠民生，创建"有灵魂"的文明乡村

草坪镇坚持文明乡村创建与乡村振兴融合，着力培育文明乡风、淳朴民风、优良家风。目前，草坪镇 10 个村中有省、市文明村 6 个，草坪镇被评为市级文明镇。

（一）抓教育，定村规。草坪镇始终坚持引导群众，利用文艺队、宣传栏等大力宣传，推动民间文化艺术进校园，举办艺术培训班，使民间艺术团体得到长足发展。大力推动移风易俗，1008 名党员全部签订《移风易俗承诺书》，没有一名党员违规整酒。该镇兴隆街村探索形成乡风文明"213"模式，即制定村训、家训和"十要十不准"的村规民约，组建村爱卫协会和红白喜事理事会。其中"要移风易俗

▲ 常德市鼎城区草坪镇街道整改前

◀ 常德市鼎城区草坪镇街道整改后

▲ 常德市鼎城区草坪镇三角堆村幸福屋场
整改前

◀ 常德市鼎城区草坪镇三角堆村幸福屋场
整改后

▶ 常德市鼎城区草坪镇
兴隆街村村规民约

▶ 常德市鼎城区草坪镇
幸福屋场

除陋习，不准整酒敛财攀输赢"的村规民约实施后，村民无不拍手叫好。

（二）抓活动，聚人心。2012 年至今，草坪镇先后举办了 4 届民间文化艺术节，连续 6 年获得全市"百团大赛"一等奖。近年来，草坪镇党委、政府举办了一系列惠民活动，如"四十年四十村"文艺会演、"九九重阳"惠民活动等。2018 年，在草坪镇文化广场举行以"讴歌新时代，迈向新征程"为主题的第四届民间文化艺术节，节目包含当地民俗表演、民间歌舞、传统技艺、"移风易俗"等内容，大力弘扬乡村振兴唱响主旋律，为百姓带来了一场视听盛宴。

（三）抓品牌，增效益。通过"十百千工程"（即打造十个精品节目、编写一百个优秀剧本、培训一千名农民演职人员），创造了一批精品节目，先后参加了湖南省第十次党代会演出、海峡两岸文化交流活动、中央人民广播电台"爱在乡村"、欢乐潇湘群众文艺会演等活动，十几次获省市级大奖。原创作品《草坪农民心中的梦》《快打擂茶迎客人》《喜联姻》等高质量节目深受大家喜爱。人民日报社、新华社、中央电视台等主流媒体作了专题报道。2011 年 10 月 22 日，时任中央政治局委员、中央书记处书记、中宣部部长刘云山同志来草坪镇视察，给予了高度肯定。"草坪文化现象"享誉全国。最高人民法院院长周强在任湖南省委书记期间，在全国"两会"湖南代表团新闻媒体见面会上，特别推介"欢迎各位到常德市草坪镇观看歌舞表演"。

三、建机制，创建"有内涵"的文明乡村

近年来，草坪镇以人居环境整治试点和乡镇、乡村振兴示范片为

契机，充分发挥群众在乡村振兴中的主体作用。

（一）成立协会组织。先后成立了乡镇文联、民间艺术联合会、诗社等 5 个协会组织，创办了文化期刊《草坪人》。"协会＋自治"让乡风美起来。用红白理事会去陋习，用爱卫协会管村貌，用文艺协会增文明。全镇所有村（居）组建了村级爱卫协会，主要负责筹集村级环境卫生整治工作经费、开展农户卫生评比、保洁员管理及工作考评等。放羊坪村组建了全区第一个村级慈善协会，广泛开展扶贫济困、安老助孤、医疗救助、助学支教等慈善活动。

（二）建立考核机制。为推动文明村镇创建，草坪镇从人居环境整治为切入点，坚持一月一考评、一季一奖惩，每年拿出 20 万元用于评比奖励。镇里考核到村，村里考核到组，组里考核到农户，通过一级一级评，极大激发了群众的参与热情。

（三）强化志愿服务。结合主题党日、中心组学习，组织党员干部进入实践站开展教育培训。乡村 30 多名党员干部志愿者开展"微型党课"宣讲 50 多场，听众 1 万多人次。将实践站作为文艺志愿服务团队活动的主阵地，吸引文艺志愿服务团队到实践站开展志愿活动。目前，活跃在实践站的乡村文艺文化团队超过 30 支、900 多人。2020 年新冠肺炎疫情期间，草坪镇 81 岁的文化志愿者张桃初创作了渔鼓作品《打一场抗击新型冠状病毒感染肺炎的阻击战》，网络点击量超过 10 万次。

实干催生文明花　发展铺就小康路

——以陆城镇为例

湖南省岳阳市文明办

　　湖南省岳阳市陆城镇地处长江之畔，因水而美，因城而旺，因人而兴，地理位置优越，水陆交通便捷，商贾云流如集。党的十八大以来，该镇坚持以习近平新时代中国特色社会主义思想为指引，围绕人居环境、乡风民风、文化生活"三个美起来"的发展思想，大力实施乡村振兴战略，着力推进"五个文明"协调发展。2014 年被 7 部委评为全国重点镇，2017 年获评湖南省首批经典文化村镇称号，古镇两处遗址被国务院公布为第七批全国重点文物保护单位。

一、牢记总书记殷殷嘱托，坚决守好一江碧水

　　陆城镇有长江岸线 15.48 公里，自然湖泊 6 个，水系 2.1 万亩。近年来，陆城镇坚持把生态文明建设作为经济社会发展的"生命线"、民生改善的"重头戏"来抓，牢固树立生态优先、绿色发展的导向，持续打好蓝天、碧水、净土保卫战。一是全面践行"125"工作法。坚持一张蓝图绘到底，确保生态治理标准高、要求严、进度快。镇党委政府严格落实"一岗双责"，主要负责同志现场调度督导 26 次，全

镇干部职工巡河累计超过 2000 人次。常态实行"五个一"工作机制，做到周通报、月督查、季讲评、半年评估、年度考核。二是全力推进"四大行动"。开展"侵占整治、禁采禁捕、污水治理、沿江生态修复"四大专项行动，着力加强长江岸线管理，拆除码头、堆场、违法建筑79 处，打击非法捕捞、采砂 121 次，新建街道片区污水处理站 2 个，岸线全面复绿 32.2 万平方米。三是全民共治形成常态。以新时代文明实践所（站）为依托，广泛发动辖区党员干部、普通群众、志愿者和学生 8900 余人，成立 10 支志愿者队伍，主动投身生态文明建设，积极开展入户宣讲、植树造绿、环境保护、文明劝导等活动近 1000余次。

二、践行为民惠民理念，突出服务乡村振兴

一是建优基础设施。围绕"房新、路通、沟浚、厕净、网畅"五大任务，推进农村基础设施全面升级，集中规范建房 2 处 512 栋约28.6 万平方米，修建拓宽公路 30 公里、白改黑 22 公里，修复沟渠 1.5万米，改厕 2000 户，5G 网络覆盖率 100%，累计投入 2.1 亿元。二是美化人居环境。以农村"四房"整治为"先手棋"，以治理"脏乱差"为突破口，深入推进"垃圾处置减量、污水治理升级、健康村镇建设提标、'空心房'整治和乡容村貌提挡"和"文明岳阳、爱卫同行"五大行动，"空心房"整治和污水处理设施覆盖率均达 100%，农村卫生厕所普及率和生活垃圾无害化处理率均达 95% 以上，环境面貌焕然一新，干干净净、整整齐齐、清清爽爽成为常态。三是筑牢民生保障。坚持把决战脱贫攻坚、决胜全面建成小康放在民生工作首位，

▲ 泾港村进村入口改造前

◀ 泾港村进村入口改造后

◀ 陆城南北正街古建筑

▶ 新建污水处理设施

▶ 文化惠民活动

落实"两不愁三保障"工作任务，实施扶贫项目 16 个 170 万元，发放金融扶贫贴息、教育扶贫补助、产业奖补资金 53.35 万元，316 户贫困户 1274 人中脱贫 304 户 1232 人，返贫人员为零，群众满意率达 100%。

三、持续推进移风易俗，着力培育时代新风

在全省率先开展"治陋习、树新风"专项行动，形成"云溪经验""岳阳模式"，岳阳市移风易俗工作入选 2018 年全国宣传思想文化工作案例选编。一是在抓住"关键少数"中引领推进。全镇公职人员、村居工作人员、党员、人大代表、政协委员等五类"关键少数"，带头践行文明节俭操办，主动申报可办事项，自觉签订承诺书，拒办"满月酒""升学宴"等，带头参与集体婚礼、旅游婚礼、植树婚礼，从简从短办理丧事，通过"关键少数"引领"绝大多数"。二是在村民自治中合力推进。建立"一约四会一队"（村规民约，道德评议会、红白理事会、村民议事会、禁毒禁赌会，社会风气监督队），以规范村规民约为统揽，通过"四会"民主评议、"一队"监督管理，激发群众自治活力，平均每年劝导不文明酒席 600 余起，为群众节省资金 1200 余万元。三是在新风践行中创新推进。净化乡俗民风，以"文明健康 有你有我"为主题，用文明新风取代陈规陋习，紧扣清明、升学、入伍等重要时间节点，紧抓外出务工返乡、大宗族、大屋场等重点人群，创新开展鲜花祭祀、集体送军、励志礼取代升学宴等系列主题活动，逐步固化新风项目 8 个，累计参与群众达 2.1 万人次，文明乡风、良好家风、淳朴民风蔚然成风。

四、坚定坚守文化自信，重现古镇文化繁荣

将传承、弘扬、发展古镇历史文化作为助推脱贫攻坚、乡村振兴、全面小康的精神内核。一是挖掘古镇底蕴。以"大矶头遗址""铜鼓山遗址"列入国务院公布的"第七批全国重点文物保护单位"为契机，扶持成立陆城文化研究会，通过组织集中研讨、线上线下交流、实地调研等活动，梳理拓展古镇沿革、红色革命、诚信陆商等人文文化资源，丰富了文旅产业发展精神内涵。二是播种"湖乡"文化。坚持以人民为中心的创作导向，以培育和践行社会主义核心价值观为主题，守正创新"富强—兴旺""诚信—淳朴""友善—包容"三大湖乡文化，用"乡语"讲"乡俗"，用"乡文"植"乡情"，每年开展"百姓讲堂""百骑千人进万家""传统文化进校园"等主题实践活动80余场（次），湖乡文化飞入寻常百姓家。三是做强文旅产业。探索文旅融合发展新模式，推进"湖鲜"特色小镇和"全域旅游"示范区创建，打造古镇观光、湖鲜美食、农耕体验等品牌，每年吸引游客近20万人、产值达2.5亿元，文旅产业逐渐成为陆城镇经济发展新增长极。

高埗镇首创巡回示范"打擂台"模式

——打赢农村人居环境整治攻坚战

广东省东莞市文明办

　　广东省东莞市高埗镇坚持绿色发展和"绿水青山就是金山银山"的理念，立足本地特色，在 2019 年率先以农村人居环境整治巡回示范村现场会"擂台赛"为抓手，充分调动基层干部群众主动性、积极性、创造性，在镇村两级经济基础比较薄弱的情况下，成功探索出一条极具特色的推进农村人居环境整治的路子，实现 2019 年底前 100% 的村（社区）达到干净整洁村标准。主要做法如下。

一、锚定不破不立的整治初心，精心创设"打擂台"新模式

　　2017 年高埗镇村经济底子薄弱，19 个村（社区）中有 4 个为市次发达村，2019 年村组负债率 33.5%，排名全市倒数第一，其中宝莲村更是全市纯收入最少村。农村人居环境整治前，部分村干部、村民"小农意识"仍未转变，认为人居环境整治是"硬骨头"，需要大投资，大拆大建。思想顾虑、资金不足、人手不足等问题严重制约工作开展，按照"传统"的方式难以调动基层积极性，工作成效不明显。为此，高埗镇党政"一把手"亲自抓，充分发挥村党工委书记"头雁"

引领和党员先锋模范作用，率先以鼓励各村争办"擂台赛"的方式推进农村人居环境整治，着力将问题"短板"转化为执行力提升的"潜力板"。

二、开创别树一帜的整治做法，大力彰显"打擂台"新成效

（一）坚持党建引领，思想认识"悟"字先行。高坯镇紧紧围绕党建引领乡村振兴的工作思路，建立"党委带动、支部推动、党员促动、党群互动"的"党建＋"工作模式，设置"共产党员户""党员包干区"，建立健全党员干部包联责任机制，充分发挥基层党组织战斗堡垒作用和党员先锋模范作用，形成你追我赶、激励担当作为，形成全镇"一盘棋"的工作格局。宝莲村作为软弱涣散村，形成全市纯收入最少村，主动"举手"申办第二场"擂台赛"，铁腕收回被部分村民私占10多年的120亩土地，引入优质大项目落地，大大增强"造血"功能，助力该村在2019年以优秀档次成功摘除软弱涣散的基层党组织"帽子"。

（二）明晰思路举措，部署动员"效"字为要。迅速出台"农村人居环境整治巡回示范村"工作方案等一系列政策措施，通过一场场"擂台赛"的实践，水更清、岸更绿、路更通、村更靓、人更和，逐步形成"五子登科"的有效经验和内生动力机制：第一是"面子"。紧紧抓住每个村干部、群众对美好生活、对尽快搞好环境的迫切需求，鼓励各村争先举办示范现场会，展示本村村容村貌，在全镇干部群众面前争荣誉、长"面子"。第二是"旗子"。每场"擂台赛"均设立"主办红旗"、"流动红旗"、保持优秀奖与鞭策奖，以前后对比图

▲ 东莞市朱磡村彩绘墙整治前

◀ 东莞市朱磡村彩绘墙整治后

▲ 东莞市保安围村河道整治前

◀ 东莞市保安围村河道整治后

▲ 东莞市横沥头村景观池塘整治前

▲ 东莞市横沥头村景观池塘整治后

的形式展示各村近期整治成效，由各村党工委书记当场介绍经验，参加人员当场投票评选，激励各村主动整治、争先创优。第三是"银子"。在镇财政非常紧张的情况下设置1000万元激励资金，对成功举办并经"回头看"还保持较好标准的进行奖励，越先举办、保持越好，奖励越多，避免了"大锅饭"的传统奖励模式。第四是"票子"。各村干部在"打擂台"过程中，不断加深干群交流，密切干群关系，用实实在在的环境改善树立威信，以为民办实事换来换届选举时的信任票。第五是"位子"。树立正确选人用人导向，提拔重用在"擂台赛"中敢于担当、工作出色的村干部，如宝莲村党工委书记被提拔为镇医保分局副局长，旗帜鲜明地让想干事、能干事、干成事的同志有机会有舞台，充分激发干部干事创业热情。

（三）突出"一村一品"，整治落实"特"字着力。在开展"擂台赛"中，19个村（社区）着重强化城市经营理念，不搞大拆大建，让广大群众在人居环境整治实践中树立主人翁意识，坚持因地制宜、发挥优势、打造品牌，实现以小投入撬动大成效。如横滘头村以创建"双标工程"示范点为契机，将党建文化融入到人居环境整治全过程，升级党建文化公园、文化服务中心，打造高标准党建活动阵地；欧邓村创新实施住户、商铺、企业"三联盟"模式，与网格管理有机结合，破题租赁经济下城中村管理瓶颈；卢溪村坚持统筹兼顾农村田园风貌保护，深挖历史古韵，传承乡土文脉，提出"一河两岸三园四塘五古六树"发展规划，建设承载田园乡愁、体现现代文明的"升级版乡村"；高埗村以整治出租屋电动自行车违规停放充电为突破口，探索出利用公共闲置地、集体物业铺位等4种模式，市电动自行车违规停放充电治理工作现场会在高埗村召开，向全市推广高埗经验做法。

三、深化来之不易的整治成果，持续增强"打擂台"新动能

2019 年，高埗镇依托农村人居环境整治巡回示范村现场会"擂台赛"，进一步凝聚了全镇上下攻坚克难、奋勇争先的共识，助力实现了生产总值增速在全市排名第 8 名的成绩，刷新镇历史最好排名；固定资产投资总额增速连续 2 年全市排名摘金夺银，开创高埗镇高质量发展新篇章。2020 年，高埗镇推出"农村人居环境整治巡回示范村"高质量 2.0 版本，集中力量加强整治垃圾、污水、厕所、窝棚等重点内容，高标准推进"美丽家园、美丽田园、美丽河湖、美丽园区、美丽廊道"五大美丽行动，努力实现 2020 年底前全镇 60% 以上村（社区）达到美丽宜居村标准，打造精美乡村建设"高埗模式"。

责任编辑：李之美　戚万迁

版式设计：汪　莹

图书在版编目（CIP）数据

全国文明城市创建实地点位治理案例汇编／中央文明办二局 编 . — 北京：
人民出版社，2021.7（2022.7 重印）

ISBN 978 − 7 − 01 − 022969 − 0

I. ①全⋯　 II. ①中⋯　 III. ①城市建设 − 社会主义精神文明建设 − 案例 −
中国　 IV. ① D648.3

中国版本图书馆 CIP 数据核字（2020）第 271930 号

全国文明城市创建实地点位治理案例汇编

QUANGUO WENMING CHENGSHI CHUANGJIAN SHIDI DIANWEI ZHILI

ANLI HUIBIAN

中央文明办二局　编

人民出版社 出版发行

（100706　北京市东城区隆福寺街 99 号）

北京新华印刷有限公司印刷　新华书店经销

2021 年 7 月第 1 版　2022 年 7 月北京第 4 次印刷

开本：710 毫米 ×1000 毫米 1/16　印张：24.25

字数：281 千字

ISBN 978 − 7 − 01 − 022969 − 0　定价：68.00 元

邮购地址 100706　北京市东城区隆福寺街 99 号

人民东方图书销售中心　电话（010）65250042　65289539